국어 연결어미 연구

저자 **김승곤**

- 한글학회 회장 및 재단이사 역임
- 건국대학교 문과대학 국어국문학과, 대학원 졸업
- 건국대학교 인문과학대학장, 문과대학장, 총무처장, 부총장 역임
- 문화체육부 국어심의회 한글분과위원 역임
- 주요저서: 『관형격조사 '의'의 통어적 의미분석』(2007), 『21세기 우리말 때매김 연구』(2008), 『21세기 국어 토씨 연구』(2009), 『국어통어론』(2010), 『문법적으로 쉽게 풀어 쓴 논어』(2010), 『문법적으로 쉽게 풀어 쓴 향가』(2013), 『국어 조사의 어원과 변천 연구』(2014), 『21세기 국어형태론』(2015), 『국어 부사 분류』(2017), 『국어 형용사 분류』(2018) 등

국어 연결어미 연구

© 김승곤, 2018

1판 1쇄 인쇄_2018년 08월 05일
1판 1쇄 발행_2018년 08월 15일

지은이_김승곤
펴낸이_이종엽

펴낸곳_글모아출판
등 록_제324-2005-42호

공급처_(주)글로벌콘텐츠출판그룹
　　　　대표_홍정표　이사_양정섭　편집디자인_김미미　기획·마케팅_노경민
　　　　주소_서울특별시 강동구 풍성로 87-6(성내동) 글로벌콘텐츠
　　　　전화_02) 488-3280　팩스_02) 488-3281
　　　　홈페이지_http://www.gcbook.co.kr
　　　　이메일_edit@gcbook.co.kr

값 15,000원
ISBN 978-89-94626-73-4 93710

국어 연결어미 연구

김승곤 지음

글모아출판

머리말

　우리 국어형태론의 연구는 모든 영역에 걸쳐서 단편적인 자료를 가지고는 완전한 체계를 세운다거나 연구할 수 없다. 그런 까닭에 지은이는 한글학회에서 낸 『우리말사전』에서 연결어미를 모두 통계 내어보니 그 수가 아주 많았다. 그래서 그 어미들 하나하나가 나타내는 뜻과 통어상의 구실을 살펴서 분류하기로 하였다.

　사실 지은이는 일찍이 『국어형태론』을 간행한 일이 있으나, 거기에 같이 수록하고자 하여 보니 연결어미의 수가 너무 많을 뿐만 아니라 일일이 분석하기에는 지면이 너무 늘어나므로 부득이 『국어 연결어미 연구』라는 제목으로 하여 이 책을 간행하게 되었다. 사실 요즈음 신문이나 여러 글들을 보면 새로운 연결어미가 더러 나타나기도 하지만, 그것들을 모두 모아 작업을 하려면 시간이 너무 오래 걸리기 때문에 사전의 것만 정리해도 거의 모든 어미가 다 망라되었으리라 생각하고 용기를 내었다.

　다만, 편의상의 이유로 연결어미의 분류체계는 허웅 교수를 따르기로 하였다. 여러 가지 미흡한 데가 있을 것이지만, 읽은이 여러분의 이해를 바란다.

　끝으로 출판계가 어려운 데도 매이지 아니하고 이 책을 출간하여 주신 (주)글로벌콘텐츠출판그룹의 양정섭 이사님께 깊이깊이 감사

하다는 인사 말씀을 드린다. 또한 정성들여 편집작업을 해준 출판
사 편집부에도 감사의 인사를 드린다.

2018년 6월
지은이 삼가 씀

차례

제3장 맺음말 227

제1장

들어가는 말

우리 문법에서 연결어미에 대한 연구가 제대로 된 문법책은 최현배 선생의 '우리말본'과 허웅 선생의 '형태론'이다. 이 두 책 이외에 부분적인 연구 서적이 있기는 하지만, 만족할 만한 연구가 없어 평소에 전반적인 연구가 필요함을 절실히 느껴왔던 글쓴이는 오랜 시간에 걸쳐 문학작품과 일간신문, 논설문, 전기 등을 대상으로 통계를 내어보니 어떠한 분들의 저서에서도 찾아볼 수 없는 많은 연결어미들이 나타났다. 그 분류도 통어론과의 관계를 고려하여 의미 중심으로 하기도 하고, 구실 중심으로 하기도 하였다.

위의 두 선생님의 분류를 보면, 먼저 '우리말본'에서는 매는 어미에 거짓잡기(가정), 참일(사실), 꼭 소용(필요)의 네 가지가 있다고 하였는데, 이는 의미면·기능면에서 그 뒤에 오는 종결절에는 이들 뜻에 알맞은 문장이 와야 함을 나타낸 분류이다. 그리고 놓는꼴(방임형)에는 접어두기(양보), 참일, 미뤄잡기(추정)의 셋을 인정하였고, 벌림꼴(나열형)에는 때벌림(시간적 나열), 얼안벌림(공간적 나열)의 둘을 인정하였다. 그리고 풀이꼴(설명형), 견줌꼴(비교형), 더보탬꼴(첨가형), 더해감꼴(익심형), 뜻함꼴(의도형), 목적꼴, 미침꼴(도급형), 되풀이꼴(반복형) 등은 의미에 따른 분류로 보아진다. 이들 중에는 기능면으로 보아서 나눈 듯한 것도 있다. 허웅 선생은 연결어미를 다음에 이어지는 뒷 절과의 통어적 관계에 따라 '딸림'과 '맞섬'으로 나누고 이를 다시 다음과 같이 나누었다.

위의 여러 갈래에 속하는 어미는 다음과 같다.

1. 딸림—제약 강함—마땅한 법

① 사실
-으니, -으니까(는/ㄴ) -으므로, -으매
어서, -어, -은즉(슨) -관대 -을새
기(에/로)길래. -은지라/는지라

② 가정
-으면, -라면/라면/-ㄴ(는)다면, -자면
-노라면, -느라면, -을라치면
-으랑이면, -거드면(은)-으랑이면
거드면(은), -을것같으면

-거든(건/거들랑/걸라, -을진대, -단들/란들

③ 반드시
-어야/라야, -어야지/라야지, -을지니

④ 견줌
-거든(거온), -ㅡ려(고), -자(고), -노라고, -느라고, -으러

2. 딸림—제약 강함—뒤집음법

① 현실(사실, 참일)
-지마는/지만, -건마는/언마는, -은데도/는데도
-으나, -으나마, -으니까(는/ㄴ)
-기로(니), -기로서(니), -기로선들, -로니, -을지니, -지, -거늘

② 현실과 가상
어도/라도, -을망정, -얼지언정, -을지라도
-더라도, -은들, -어야, -었자

3. 딸림—제약 약함—풀이법

-은데/는데, -은바/는바, -은지/는지
-을지/을런지/을는지, -의되/로되, -을새
-기를/길 -더니(만/마는), -을러니
-나니, -노니, -노라니, -느라니

-으려니(까) -자니(까), -거니와/어니와

-으려니와, -건대(는), -거니/어니, -을세라, -거든, -을 작시면

4. 맞섬—가림법

-든지 …(든지), -든가, …(든가)

-든 …든, -거나 …(거나), -건 …(건), -으나 …(으나)

5. 맞섬—나열법

① 앞 절에서 여러 일이 차례가 있게 맞서면서 되풀이된다.

-고/오, -고서, -어, -어서, -으며, -으면서

-을뿐더러, 자(마자), -다(가)

② 앞 절에서 여러 일이 차례 없이 맞서면서 되풀이된다.

-으며 …으며, -으명 …으명

-고 …고, -으랴 …으랴, 다(가) …다(가)

-으니 …으니/느니, -거니 …거니

이상에서 보면 연결어미가 백 개로 설명되어 있으나 '형태론' 970 ~974쪽에서는 모두 헤아려서 129개로 되었다고 설명되어 있는데, 이에는 옛말스러운 것도 있고, 어쩌면 지금 현대에 있어서 잘 쓰이지 않는즉, 극히 드물게 쓰이는 듯한 것도 있다. 글쓴이는 현대 실제로 많이 쓰이고 있는 것을 통계에 의하여 얻어내어 그것을 중심으로 연결어미를 분류하여 다루되, 한 가지 어미가 문맥에 따라서 나

타내는 여러 뜻을 자세히 분류하며 설명하여 갈 것이다.

　그런데 허웅 선생도 '형태론' 785쪽에서 말하고 있듯이 "한 씨끝은 한 유형에 속해야 하나, 이 원칙은 지켜지는 것은 아니다"라고 하고 있듯이, 연결어미의 분류는 첫째 체계를 세워야 하고 다음은 뜻과 구실에 따라 나누어야 하지만, 그것은 그리 쉬운 일이 아니다.

　이 글에서는 연결어미의 큰 분류체계는 허웅 선생의 체계를 따르되, 그 하위 범주는 뜻과 구실에 따라 글쓴이 나름대로 자세히 분류하여 설명하여 갈 것이다.

　그런데 여기에 덧붙여 둘 것은 글쓴이가 지은 『현대 국어 통어론』에서 '이음겹월'의 분류를 연결어미의 뜻에 따라 ① 조건월, ② 인과관계월, ③ 양보월, ④ 벌임월, ⑤풀이월, ⑥ 견줌월, ⑦ 선택월, ⑧ 더보탬월, ⑨ 어찌월, ⑩ 뜻함월, ⑪ 추정월, ⑫ 중단월, ⑬ 잇달음월 등 열셋으로 나누어 논한 적이 있는데, 이는 영어와 일본어의 통어론에서 볼 때, 우리말의 통어론에서도 위와 같이 분류할 수 있지는 않을까 생각되어 시도한 것인데 충분히 분류할 수 있을 것으로 보인다.

　이제 글쓴이 나름의 연결어미의 분류를 시도하기 위하여 짜임새에 의한 문장의 종류를 먼저 알아봐야 하겠다. 왜냐하면 그렇게 하여야 연결어미의 분류 체계를 세울 수 있기 때문이다.

　'우리말본'(827쪽 이하)에 따르면 겹월(복문)을 가진월(포유문, 유속문), 벌임월(병열문), 이은월(연합문)의 셋으로 나누어, 포유문은 절이 문장의 성분이 되는 문장이라 하였고, 병열문은 둘 이상의 앞선 절을 편의상 형식적으로 벌이어서 한 덩이로 만든 문장이라 하고, 앞선 절의 서술어는 이음법의 나열형을 가지고 뒷 절에 잇는다고 하면서 다음과 같은 예를 들었다.

(1) ㄱ. 산은 높고 물은 맑다.

　　ㄴ. 순(舜)은 누구이며 나는 누구이냐?

　　ㄷ. 뜨거운 것은 나의 가슴이요 붉은 것은 나의 마음이요 깨끗한 것은
　　　　나의 절조이외다.

위의 보기로 미루어 보면 병열문은 연결어미 「-고, -이며, -이요」
로 이루어지는 연결절과 종결절로 되는 문장을 말한 것인데, 「-잡
이」에서는 병열문은 나열형으로 된 대립절끼리가 벌어져서 된 것이
라 하였다. 그리고 연합문은 연결절이 나열형 밖의 이음법으로 된
문장이라 하였다.

여기에서는 글쓴이 나름대로 연결어미를 다음에 이어지는 뒷 절
과의 통어적 관계에 따라 '딸림'과 '맞섬'으로 나눈다.

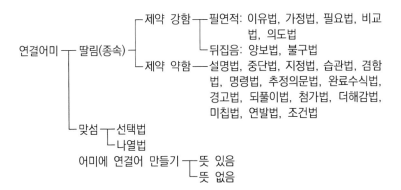

(2)에서 보면 이 분류는 허웅 선생의 체계로 되었는데, 실제로 작
업을 하면서 보니까 애매하게 다루어진 데도 있고, 어떤 경우에는
문장의 짜임새에 따라 한 가지 연결어미가 두 군데로 나누어야 할
경우도 있어 아주 어려웠던 점이 많았다.

그래서 (2)에서 보는 바대로 하위 분류에 있어서 그 갈래가 아주 많아지게 되었다. 말은 뜻을 전달하기 위해서 하는 것이므로 다소 복잡하고 갈래가 많아도 그렇게 나누지 않으면 안 될 것 같아 다소 복잡하게 되었음을 밝혀둔다.

제**2**장

연결어미 연구

1. [딸림] 앞 절이 뒷 절에 대해서 종속성이 강한 것

1.1. 종결절에 대하여 구속력이 강한 연결어미

이에는 종결절이 연결어미에 의하여 어떤 구속을 받는 종속성을 띠는 것이 있는데, 이를 세분화하여 보면, 연결어미에 의하여 반드시 와야 하는 종결절을 요구하는 연결어미와 뒤집음으로 종결절을 요구하는 연결어미의 둘이 있다.

1.1.1. 반드시 종결절을 구속하는 필연적 연결어미

이에는 이유법, 가정법, 필요법, 비교법, 의도법 등이 있다.

◆ 이유법

이에는 「-거늘」, 「-건대」, 「-기로」, 「-기로서니」, 「-기로선들」, 「-기에」, 「-길래」, 「-는다니까」, 「-는다니」, 「-는지라」, 「-니까」, 「-니」, 「-라서」, 「-어서/아서」, 「-매」, 「-므로」, 「-을려기에」, 「-은즉」, 「-을새」, 「-을지니」 등이 있는데, 여기에서는 이유는 물론 원인도 함께 포함시켜서 설명할 것이다.

1. 「-거늘-」

이 어미는 보기에 따라서는 이유가 아닌 것으로 느껴질 수 있으나 이유를 나타내는 어미이다.

(1) ㄱ. 날이 이미 늦었거늘 주막에 들기로 하였다.

　　ㄴ. 더우면 꽃이 피고 추우면 잎지거늘 솔아 너는 어찌하여 눈 서리를 모르느냐?

　　ㄷ. 어떤 사람이 지나가거늘 물으니 서울에 사는 이름 있는 부자였다.

　　ㄹ. 비가 오거늘 좀 있다가 가거라.(가자)

　　ㅁ. 꽃이 너무 아름답거늘 정신없이 한참동안 구경하였다.

　　ㅂ. 이것이 보물이거늘 조심조심 다루어라.

(1ㄱ~ㅂ)을 보면 서술어 제약, 의향법 제약, 주어 제약은 없으나 비종결어미는 「-시-」, 「-었-」이 쓰일 수 있고 「-겠-」은 문맥에 따라 쓰일 수 있으며 「-리-」는 쓰일 수 없다.

2. 「-건대」

이 어미는 까닭은 물론 조건도 나타내는 것으로 보아진다.

(1) ㄱ. 내가 듣건대, 그는 곧 돌아온다 하더라.

　　ㄴ. 내가 생가하건대, 너는 잘못이 없다.

　　ㄷ. 네가 어찌 하였건대 그가 화를 내느냐?

　　ㄹ. 그 길이 너무나 험하건대 다른 길로 돌아왔다.

　　ㅁ. 그것이 무엇이건대 그렇게 가지고 싶어하냐?

이 어미는 모든 서술어에 다 쓰이며 주어 제약은 없으나, 의향법은 서술법과 의문법이 가능하고 명령형과 권유법은 어려울 것 같다.

(2) ㄱ. 선생님이 교실에 계시건대 나는 들어가지 못하였다.

　　ㄴ. 그가 잘못을 하였건대, 나는 조용히 주의를 주었다.

(2ㄱ, ㄴ)을 보면 비종결어미는 「-시-」, 「-었-」이 쓰인다.

3. 「-기로-」

이 어미는 어미 「-기-」에 조사 「-로」가 붙어서 이루어진 것인데, 「-로」가 본래 이유나 원인 또는 소지를 나타내는 뜻을 가지고 있으므로, 「-기로」가 이유나 원인을 나타내는 연결어미가 되었다.

(1) ㄱ. 일이 잘 안 되겠기로 그냥 와 버렸다.

　　ㄴ. 걸음을 잘 걷기로 자동차를 따를 수 있나?

　　ㄷ. 하도 힘이 들기로 도중에서 좀 쉬었다.

ㄹ. 그는 공부를 잘 하기로 소문이 났다.

ㅁ. 개가 이것을 먹었기로 그리도 때리면 되겠느냐?

ㅂ. 비가 오겠기로 빨리 왔다.

(1ㄱ)은 이유 또는 원인을 추정하여 나타내고 있으며 (1ㄴ)의 「-기로」는 '인정' 또는 걸음을 잘 걷는다는 '사실'을 나타내는 것으로도 볼 수 있겠다. 이유나 원인은 절대로 안다. 이와 같이 문맥에 따라서 한 가지 어미도 여러 가지 뜻으로 쓰이는 것이 특이하다. (1ㄷ)의 「-기로-」는 이유로 볼 수 있겠고 (1ㄹ)도 (1ㄷ)과 같이 볼 수 있겠다. 그러나 (1ㅁ)은 「먹었다고 해서」의 뜻으로 이해되며 (1ㅂ)의 「오겠기로」는 (1ㄱ)과 같이 「-겠-」 때문에 추량의 이유로 보아진다. 「-기로」로 이어지는 종결절은 어떤 의향법으로 되는가를 알아보기로 하겠다.

(2) ㄱ. 비가 오기로 집에 가거라.

ㄴ. 그는 성적이 뛰어나기로 상을 주어라.

ㄷ. 그가 훌륭하기로 우리 회사에 채용하자.

ㄹ. 눈이 오기로 길이 미끄러우냐?

ㅁ. 뛰니까, 숨이 차기로 천천히 걸어왔다.

ㅂ. 비가 오겠기로 빨리 왔다.

(2ㄱ~ㄴ)의 종결절은 명령형으로 끝났고 (2ㄷ)은 권유법으로 끝나 있으며 (2ㄹ)은 의문법으로 되어 있는데, 좀 이상한 느낌이 든다. 일반적으로 (2ㅁ)과 같이 종결절이 서술법으로 되는 경우는 통계에 가끔 보이나 그 이외는 잘 보이지 않는다. 그러나 (1ㄴ, ㅁ)과 같이

「-기로-」가 '사실'을 나타낼 때는 종결절의 의향법이 의문법으로 쓰일 수 있다. 그런데 「-기로」 앞에 비종결어미 「-었-/-겠-」이 쓰일 수 있다.

(3) ㄱ. 경복궁 근정전 앞에서 만나기로 했어.

ㄴ. 나는 내일 집에 가기로 했다.

ㄷ. 그는 이 일을 해내기로 결심하였다.

(3ㄱ, ㄴ, ㄷ)의 「-기로」는 명사어미 「-기」에 조사 「-로」가 와서 된 것으로 이유·원인의 「-기로」와는 다르니 주의하기 바란다.

위의 「-기로」는 사실의 설명 또는 약정 등의 뜻을 나타내는 것으로 보인다.

4. 「-기로서니」

이 어미는 「-기로」에 「-서니」가 합하여 된 것인데, 「-서-」는 완료를 나타내고 「-니-」는 「-니까」의 「-까-」가 준 형태로 보인다. 그러므로 「-기로서니」는 완료이유나 완료원인으로 볼 수 있겠다.

(1) ㄱ. 그가 조금 잘못했기로서니, 그리 야단을 쳐서 되겠느냐?

ㄴ. 바둑을 한 판 졌기로서니 그렇게 성을 낼 거야 있나?

（『우리말사전』 319쪽에서 따옴）

ㄷ. 아무리 시골이기로서니 서점이 없겠나? (위와 같음)

『우리말사전』에 따르면 「-기로」의 강조어로 되어 있다. 이 어미는 종결절의 의향법이 의문법으로만 되어야 하는 것 같다. 앞의 「-

기로」와 「-기로서니」는 동사, 형용사, 지정사의 구별 없이 두루 쓰인다. 그리고 「-기로서니」 앞에는 「-었-」이 쓰일 수 있고 또 「-었겠-」이 쓰일 수 있다.

5. 「-기로선들-」

『우리말사전』에는 「-기로서니」의 강조어라 풀이되어 있으나, 글쓴이가 보기에는 「-기로서니」의 「-니」가 줄어서 「-기로선」이 되고 여기에 양보를 나타내는 어미 「-한들」의 「-들」이 와서 이루어진 것으로 보인다.

(1) ㄱ. 좀 나무랏기로선들 그렇게 기분이 나쁜가?

ㄴ. 물건이 좋기로선들 그렇게 비싼가?

ㄷ. 그가 가난한 사람이기로선들 그런 짓을 했겠나?

위에서 보는 바와 같이 「-기로선들」 동사·형용사·지정사에 두루 쓰이는데, 종결절의 의향법은 의문법이 쓰이는 것 같다. 따라서 「-기로/-기로서니/-기로선들」은 종결절에 대하여 상당한 구속력을 가지고 있음을 알 수 있다. 이 어미 앞에는 비종결어미 「-었-겠-/-었겠-」 등이 쓰일 수 있다.

6. 「-기에-」

이 어미는 명사법의 「-기」에 조사 「-에」가 와서 이루어진 것인데, 「-에」는 문맥에 따라 '까닭'을 나타내므로 이것이 작용하여 「-기에」가 이유나 원인을 나타내는 어미가 되었다.

(1) ㄱ. 그는 야당 대통령 후보가 되었<u>기에</u> 이미 반쯤의 권력을 쥔 것이다.

ㄴ. 도시에서 살<u>기에</u> 자주 볼 수 없는 오빠가 텔레비전에 출현한다 해서…

ㄷ. 되돌릴 수 없는 시간이<u>기에</u> 새의 초록빛 계절을 만끽하는 젊음은 아름답다.

ㄹ. 명절이<u>기에</u> 하루 종일 쉴 틈이 없다.

ㅁ. 이처럼 개인적으로 성공을 추구해 왔<u>기에</u> 한국인은 튄다.

ㅂ. 설악산이 아름답<u>기에</u> 손님들을 모시고 관광을 갔다.

ㅅ. 그녀는 너무 예뻤<u>기에</u> 임금님의 사랑을 독차지하였다.

ㅇ. 너는 무엇을 하<u>기에</u> 매일 그리도 바쁘냐?

ㅈ. 너는 얼마나 잘났<u>기에</u> 그리도 도도하냐?

(1ㄱ~ㅈ)에서 보면, 「-기에」가 이유법으로 쓰일 때, 주어에는 1·2·3인칭이 다 올 수 있고 「-기에」 앞에는 비종결어미 「-었-/-겠-」이 쓰일 수 있으며 「-기에」가 붙는 용언에는 동사·형용사·지정사들이 다 해당된다. 그리고 종결절의 의향법에는 서술법과 의문법이 주로 쓰이고 명령형과 권유법은 드물게 쓰이는 것 같다.

왜냐하면 통계에 잘 나타나지 않기 때문이다.

(2) ㄱ. 너는 식사를 하였<u>기에</u> 어서 가거라.

ㄴ. 우리는 일을 다 마쳤<u>기에</u> 빨리 가자.

(2ㄱ~ㄴ)에서 보면 문장이 성립되지 않는 것은 아니나, 보통 명령형과 권유법으로 문장이 끝날 때는 위와 같이 말하지 아니하고 다음과 같이 말함이 예사이다.

(3) ㄱ. 일이 끝났으니 어서 가거라.

ㄴ. 비가 그쳤으니 빨리 가자.

따라서 관습상 (2ㄱ~ㄴ)과 같은 문장은 잘 쓰이지 아니하는 것 같다.

7. 「-길래」

이 어미는 가끔 나타나는데, 그리 흔하게 쓰이지는 않는다.

(1) ㄱ. 산너머 남촌에는 누가 살길래 해마다 봄바람이 남으로 오데.

ㄴ. 너는 뭘 하길래, 그리 꾸물대느냐?

ㄷ. 날씨가 하도 춥길래, 일을 다 마치지 못하고 그냥 왔다.

ㄹ. 내가 주운 것이 돈이길래, 임자를 찾아서 돌려주었다.

(1ㄱ~ㄴ)의 「-길래」는 동사에 쓰였고 (1ㄷ)은 형용사에 쓰였으며 (1ㄹ)은 지정사에 쓰였는데, 좀 이상한 느낌이 든다. 그러나 다음의 예를 보면 분명한 사실을 알 수 있을 것이다.

(2) ㄱ*. 나는 학생이길래 용서를 받았다.

ㄴ. 너는 무엇을 주웠길래, 그리도 주저주저 하느냐?

ㄷ. 너는 예쁘길래 사랑을* 받는다.

ㄷ'. 너는 예쁘길래 사랑을* 받느냐?

ㄹ. 너는 학생이길래 사랑을 받는다.

ㄹ'. 너는 학생이길래 사랑을 받느냐?

ㅁ. 그도 학생이길래 사랑을 받는다.

ㅁ'. <u>받느냐?</u>

ㅂ. 그가 놀길래 취직을 시켜주었다.

ㅅ. 그가 착하길래, 데리고 왔다. (*데리고 왔느냐?)

ㅇ*. 나는 학교에 가길래 공부를 배운다.

ㅈ. 나는 착하길래 사랑을 <u>받았다</u>.

ㅈ'. 나는 착하길래 사랑을 <u>받느냐?</u>

(2ㄱ)에서 주어는 1인칭이고 종결절이 서술법이니까 비문이 되었으며 (2ㄷ)에서 주어는 2인칭이고 종결절이 서술법과 의문법이 되니까 비문이 되었다.

(2ㅅ)에서 주어가 3인칭이고 종결절이 서술법이면 문장은 성립되나 의문법이면 성립되지 않는다. (2ㅇ)은 주어가 1인칭이고 종결절이 서술법이니까 문장은 성립되지 않는다. (2ㅈ)에서 주어가 1인칭이고 종결절이 서술법과 의문법이 되니까 문장은 성립되지 않는다. (2ㄴ)과 (2ㄷ)을 견주어 보면 주어가 2인칭일 때 앞뒤 절의 짜임새에 따라 성립여부가 결정되며 (2ㅁ~ㅂ)과 (3ㄱ~ㄴ)을 견주어 보면 주어가 3인칭일 때는 다 성립됨을 알 수 있다.

(3) ㄱ. 그는 <u>무엇을</u> 하길래, 이리도 늦느냐?

    ㄴ. 그는 <u>어디로</u> 가길래, 저리도 빨리 가느냐?

「-길래」는 사투리에서 쓰이는 것 같다. 왜냐하면 사전에서 다루어지고 있지 않기 때문이다.

8. 「-는다니까」

이것은 「-는다 하니까」의 「하」가 줄고 「-니까」가 「-는다」에 붙어서 이루어진 이유나 원인의 연결어미이다.

(1) ㄱ. 그가 성공하였다니까 안심하여라.

　　ㄴ. 눈이 온다니까 모두 좋아서 아우성이다.

　　ㄷ. 콩을 심는다니까 콩이 나겠지.

　　ㄹ. 그는 몸이 아프다니까 가만히 두어라.

　　ㅁ. 이것이 고급 시계라니까, 사람들이 모두 탐을 내더라.

　　ㅂ. 네가 간다니까 모두 좋아한다.

　　ㅅ. 내가 이 책을 가진다니까 그는 기분이 좋지 아니하다.

　　ㅇ. 네가 부자라니까 모두 부러워한다.

　　ㅈ. 네가 학자라니까 모두가 비웃는다.

　　ㅊ. 내가 그 영화를 좋다니까 모두들 구경간다고 야단이었다.

　　ㅋ. 그저 준다니까 많이 얻어 가자. (가거라)

　　ㅌ. 네가 그 경기에서 이겼다니까, 기분이 좋다.

　　ㅁ. 그가 그 이를 해 내겠다니까, 시켜보아라. (보자).

　　ㅎ. 네가 그 책을 읽어 보았다니까 그 내용에 대하여 말해 보아라.

　　ㄱ'. 그가 네 친구였다니까, 믿어도 되겠지.

　　ㄴ'. 그 (내, 네)가 장차 부자이겠다니까, 모두가 비웃는다.

(1ㄱ~ㄴ')에서 보면 「-는다니까」는 인칭에 관계없이 동사, 형용사, 지정사에 다 쓰일 수 있고, 그 앞에 비종결어미 「-았-」과 「-겠-」이 쓰일 수 있다. 그러나 「-으리-」는 쓰일 수 없고 (1)에서 보면 지정사에는 「-겠-」이 잘 쓰이지 않는 것 같다. 그리고 종결절의 의

향법은 서술법·의문법·명령형·권유법이 다 쓰인다. (1ㅇ~ㅈ)에서
보면 「이다＋는다니까」로 될 때는 「-라니까」로 된다. 다음에 의문
법과 권유법의 예만 보이기로 한다.

(2) ㄱ. 그가 온다니까, 같이 가 보자.

ㄴ. 길이 멀다니까, 가지 않겠느냐?

9. 「-는다니」

이것은 「-는다」에 「-니까」의 「-니」가 와서 이루어진 이유·원인
의 연결어미이다. 「-니」가 이유나 원인을 나타내기 때문이다. 이
어미는 경우에 따라서는 종결어미로도 쓰이나 여기서는 예를 들지
않기로 하겠다.

(1) ㄱ. 그가 일을 잘한다니, 참으로 기쁜 일이다.

ㄴ. 네가 착하다니, 참으로 놀랄 일이구나.

ㄷ. 내가 일을 잘하지 못한다니, 납득이 가지 않겠지?

ㄹ. 그(네)가 밥을 먹었다니, 우리들만 먹자.

ㅁ. 네(그)가 이 일을 해 내겠다니 놀라운 일이다.

ㅂ. 내가 책을 읽겠다니, 모두 조용해졌다.

ㅅ. 이 그림이 고가이라니, 모두가 놀랐다.

ㅇ. 네가 대통령이라니, 모두가 비웃겠다.

ㅈ. 내가 학자라니, 누가 곧이 듣겠느냐?

(1ㄱ~ㅈ)까지에서 보면 「-는다니」는 모든 용언에 다 쓰이며 그
앞에 비종결어미 「-었-」과 「-겠-」이 쓰일 수 있다. 「-라니」로 됨은

앞 「-는 다니까」의 경우와 같다. 지정사에는 「-겠-」이 잘 쓰이지 못하는 것 같다.

(2) ㄱ. *네가 군수이겠다니 누가 도와줄까?

    ㄴ. *그가 학자이겠다니, 나는 믿을 수 없다.

(2ㄱ~ㄴ)에서 보듯이 지정사에는 「-겠-」이 쓰이지 못하는 것 같다.

10. 「-는지라」

다음의 예를 보자.

(1) ㄱ. 조합토론회를 실속 있게 펼칠 묘안을 거둔지라 짧게나마 토론계획을 건넸다.

    ㄴ. 물건 팔리는 일도 가뭄에 콩 나는 것과 같았던지라 경영난에 닥치니 해오름이의 아버지는 넝마주이로 생활을 꾸리며…

    ㄷ. 비가 오겠는지라 다시 집으로 돌아갔다.

    ㄹ. 돈이 없는지라 그 좋은 옷을 사지 말아라(말자).

    ㅁ. 그는 선생인지라 옳은 말만 한다.

    ㅂ. 나는 교수인지라, 연구하지 않으면 안 된다.

    ㅅ. 너는 효자인지라, 남의 칭찬이 자자하다.

    ㅇ. 그는 부자였던지라, 학회 사업을 많이 도왔다.

(1ㄱ~ㅇ)에서 보면 「-는지라」는 모든 용언에 다 쓰일 수 있고, 「-는지라」 앞에 비종결어미 「-었-」, 「-겠-」, 「-더-」 등이 쓰이는데, 다만 「-으리-」는 쓰일 수 없다. 그리고 인칭에도 제약 없이 다

쓰인다.

11. 「-니까」, 「-니」

이 어미는 까닭, 결과, 사실, 사실의 인용 등을 나타낸다.

(1) ㄱ. 물이 차면 나무의 성장 속도가 느리니까. 열매 맺을 나이가 되지
　　않았을 테고, 심은 사람이 죽어야만 열린다는 것은 그만큼 열매를
　　맺기까지의 기간이 오래 걸린다는 말일게다.

　ㄴ. 동시를 많이 읽다 보니까 어린것이 시의 맛을 알게 되었는지 동화
　　책을 읽으려고 하지 않았다.

　ㄷ. 철수의 집에 가서 보니까, 그는 낮잠을 자고 있더라.

　ㄹ. 봄이 오니 꽃이 핀다. (『우리말사전』)

　ㅁ. 이것은 너무 크니 작은 것으로 바꾸어 주시오. (『우리말사전』)

　ㅂ. 김공이 벼슬에 오르니 그때 나이가 스물넷이었다. (『우리말사전』)

　ㅅ. 압록강은 우리나라에서 가장 크니 길이가 790km이다. (『우리말
　　사전』)

　ㅇ. 이제 와서 그렇게 하니 무엇하리요마는 나는 그를 달래었다.

　ㅈ. 느리니, 게으르니 흉만 보고 있다. (『우리말사전』)

　ㅊ. 내 것이니 네 것이니 서로 다투었다. (『우리말사전』)

　　(1ㄱ~ㄴ)의 「-니까」는 이유나 원인을 나타내는 것 같고, (1ㄷ)은
결과 또는 사실을 나타내는 것 같으며, (1ㄹ~ㅁ)은 까닭을 나타내고
(1ㅂ~ㅅ)은 어떤 사실의 설명을 나타내며 (1ㅇ)은 사실이나 결과로
보여지는데, 『우리말사전』에서는 양보를 나타내는 것으로 설명되
어있다. (1ㅈ~ㅊ)은 『우리말사전』에서는 이런저런 사실의 인용을

나타내는 것으로 설명하고 있다. 「-니까」와「-니」는 모든 용언에 다 쓰일 수 있고 인칭에도 제약 없이 쓰인다.

(2) ㄱ. 그이가 왔<u>으니(까)</u>, 가서 인사하여라.

ㄴ. 그 바나나는 내가 먹었<u>으니(까)</u> 그리 알고 있거라.

ㄷ. 비가 오겠<u>으니(까)</u>, 설거지를 어서 하여라.

ㄹ. *세월이 하도 빨랐<u>더니까</u>, 벌써 한해가 다 갔다.

(2ㄱ~ㄴ)에서 보면 「-니(까)」 앞에 「-었」이 와서 자연스러운데, (2ㄷ)에서 보면 「-겠-」이 쓰일 때는 「-으니까-」가 오면 좀 이상한데 「-니-」가 오니까 자연스럽다. (2ㄹ)에서는 「-았더-」가 오면 문장이 성립되지 않음을 보이고 있다. 그리고 「-으리」는 쓰일 수 없다.

12. 「-라서」, 「-어서」
「-라서」는 지정사에 쓰이고 「-어서」는 동사와 형용사에 쓰인다.

(1) ㄱ. 그는 착한 사람이 아니<u>라서</u> 나는 상대하지 않는다.

ㄴ. 날씨가 추워서 집에 종일 있었다.

ㄷ. 그는 공부를 잘 <u>해서</u> 상을 받았다.

ㄹ. 돌다 속에 사는 똘똘이<u>라서</u> '담돌이'라고 이름 지어 준 다람쥐네 가족이 있다.

ㅁ. 나는 그의 담임이 아니<u>라서</u>, 잘 모르겠다.

ㅂ. 너는 저 책을 받<u>아서</u> 어서 가거라.

ㅅ. 밥을 먹<u>어서</u> 허기를 면하였느냐?

ㅇ. 저것을 받<u>아서</u>, 빨리 집으로 가자.

ㅈ. KTX가 <u>빨라(서)</u>, 우리는 늘 그것을 이용한다.

ㅊ. 배가 <u>아파</u> 병원에 갔다(갔더냐?)

(1ㄱ~ㅊ)에서 보면 「-라서」, 「-어(어서)/-라서」 앞에는 「-었-」이 쓰일 수 없는데, 그 까닭은 「-어서」의 「-어/아-」가 완료를 나타내기 때문이다. 그리고 형태적 이유 때문에 「-겠-/-리」도 쓰일 수 없다. 주어로는 모든 인칭이 다 쓰이며 종결절의 의향법도 제약 없이 쓰인다. 지정사에 「-서」가 생략된 「-라」만이 쓰이면 사실이 설명에 그치는 경우가 있다.

13. 「-매-」

이는 받침 없는 어간에 붙어 까닭이나 근거를 나타낸다(『우리말사전』).

(1) ㄱ. 날씨가 추우매 옷을 두툼하게 입고 떠났다.

ㄴ. 집이 가난하매 공부하기가 어려웠다. (『우리말사전』)

ㄷ. 그는 어진 사람이매 물욕에 빠지지 않는다.(않느냐?)

ㄹ. 비가 오매 종일 집에 있었다.(있자. 있거라)

ㅁ. 그녀가 예쁘매 청혼자가 많다.

ㅂ. 나는 매일 일이 많으매, 집에 늦게 돌아온다.

ㅅ. 너는 지금 가매 언제 오겠니?

(1ㄱ~ㅅ)에서 보면 「-매-」는 형용사와 지정사에 주로 쓰이나 동사에도 쓰인다. 그리고 받침 있는 서술어에도 쓰이는데, (1ㅂ)에서 보면 주어가 1인칭일 때는 문장이 이상하고 (1ㅅ)에서 보면 주어가

2인칭일 때는 문장에 따라 이상하게 느껴지는 경우가 있다. 또 「-었으매-」나 「-겠으매」와 같은 형식으로는 잘 쓰이지 않는 것 같다.

14. 「-므로」
각 용언의 어간에 붙어서 이유나 근거를 나타내는 연결어미이다.

(1) ㄱ. 너는 공부하였으므로 성공하였다.
  ㄴ. 상상력의 미학에는 경계가 없으므로 미국 대통령 부시를 태울 수도 러시아의 푸틴을 태울 수도 있다.
  ㄷ. 받을 것 다 받은 뒤였으므로 온갖 애교 다 부려도 밑질 것은 없다.
  ㄹ. 갈매기들은 하늘에다 부지런히 길을 내므로 그 하늘이 저렇게 푸르도록 맑은가 보다.
  ㅁ. 내 경우는 정신적으로 친정의 덕을 보고 있다는 견해이므로 좀 다르지만 어머니의 일곱 아들은 아버지의 위폐를 모시는 이 자리에 아무도 참석하지 않았다.
  ㅂ. 작품에 대한 J씨의 인식에는 변화가 없을 것이므로 '반고흐의 침실'에 대한 그의 시원은 지금도 여전할 것이다.
  ㅅ. 그 요구하는 진도의 기준이 "하루에 몇 어휘를 뜻풀이 완료하였느냐"였으므로 적당히 보고하다 보니 나중에는 실제 사전에 올릴 올림말 수보다 많아지는 결과가 발생할지도 모를 일이 생기게 되었다.
  ㅇ. 나는 노력하였으므로 나의 목적을 달성할 수 있었다.
  ㅈ. 비가 오므로 집에 있자(있거라)(있느냐?)

(1ㄱ~ㅈ)에서 보아 알듯이, 「-므로」는 모든 용언에 다 쓰이며 인칭에도 제약이 없고 종결절의 의향법에도 제약이 없다. 「-었-」이

「-므로」 앞에 쓰이면 자연스러운데, 「-겠-」이 쓰이면 좀 이상한 느낌이 든다.

(2) ㄱ. 비가 오겠으므로 집에 있었다.

ㄴ. 그녀가 착하겠으므로, 아내로 맞이할까 한다.

ㄷ. 그는 부자이겠으므로, 도움을 요청하기로 하였다.

(2ㄱ~ㄷ)과 같은 예는 이상한 느낌을 주므로 보통은 다음과 같이 말한다.

(3) ㄱ. 비가 오겠으니 집에 있었다.

ㄴ. 그녀가 착하겠으니 (착할 것 같아), 아내로 맞이할까 한다.

ㄷ. 그는 부자일 것 같아서 도움을 요청하기로 하였다.

15. 「-을려기에」

이것은 「~으려」에 「하기에」의 「하~」가 줄고 「~기에」가 합하여 된 연결어미로 주어가 1인칭일 때는 쓰일 수 없다.

(1) ㄱ. 네가 밥을 먹을려기에 내가 밥을 주었잖아.

ㄴ. 소가 달아날려기에 너는 미리 고삐를 잡았느냐?

ㄷ. 그가 아이를 때릴려기에 나는 못하게 말렸다.

ㄹ. 비가 올려기에 나는 바삐 집으로 갔다.

이 어미가 쓰인 문장의 종결절의 의향법은 서술법에 한하고 문맥에 따라 의문법이 쓰일 수 있다. 그리고 시간비종결어미 「-었/-겠」

은 쓰일 수 없다.

16. 「-은즉」

이 어미는 관형어미 「-은」에 부사 「즉」이 합하여 된 것인데 이유나 사실 또는 확인, 곧 등을 나타낸다.

(1) ㄱ. 글씬즉 명필이요, 소린즉 명창이라.

　　ㄴ. 비가 온즉 강물이 불었다.

　　ㄷ. 배가 고픈즉 속이 쓰리다.

　　ㄹ. 마를 듣고 본즉 그럴 듯하다.

　　ㅁ. 그도 사람인즉, 부모의 은공을 모르겠느냐?

　　ㅂ. 하늘이 높푸르른즉, 가을임이 분명하다.

　　ㅅ. 어머니의 말씀인즉 비록 땅을 밟고 다니는 물거니지만 신발을 보면 그 사람의 인격과 푸뮈를 알 수 있다는 것이다.

　　ㅇ. 그 작아지는 눈으로 하여 앞으로 속눈썹이 찌를 것인즉 처진 눈꺼풀을 잘라내고 쌍꺼풀 수술을 하고 싶다는 것이다.

(1ㄱ)의 「-은즉」은 '곧'의 뜻으로 이해되고 (1ㄴ)은 이유나 원인으로 이해되며, (1ㄷ)은 이유를 나타내고 (1ㄹ)과 (1ㅁ~ㅂ)도 이유로 보아진다. (1ㅅ)은 사실 또는 「곧」으로 이해된다. 그리고 (1ㅇ)은 이유로 보아진다. 「은즉」이 쓰인 절의 주어는 인칭에 아무런 제약이 없으며, 종결절의 의향법에도 아무 제약이 없다. 시간비종결어미 「-었-」, 「-겠-」은 쓰일 수 없다. 「-은즉」이 쓰일 수 있는 용언에는 제약이 없다.

17. 「-을새」

받침 있는 동사나 형용사 어간에 붙어 이유나 때, 설명을 나타내는 연결어미이다.

(1) ㄱ. 눈 위를 걸을새 발자취가 뚜렷하다. (『우리말사전』)

ㄴ. 물이 맑을새 고기가 없느니라. (『우리말사전』)

ㄷ. 밤길을 걸을새 달빛이 대낮같이 밝았다. (『우리말사전』)

ㄹ. 그 말을 들을새 딱한 사정이 이를 데 없더라.

(1ㄱ~ㄴ)의 「-을새」는 이유를 나타내고, (1ㄷ)은 「때」를 나타내며 (1ㄹ)은 설명을 이어 주는 구실을 한다. 그리고 주어의 인칭에는 제약이 있는 듯한데, 2인칭은 잘 쓰이는 것 같지 않고 시간비종결어미 「-었-」과 「-겠-」은 쓰이지 못한다.

18. 「-을지니」

『우리말사전』에 따르면, "이 어미는 받침 있는 각 어간에 붙어 당연히 '어떻게 할 것이니', '어떠할 것이니' 따위의 뜻으로 뒤의 사실에 대한 까닭, 근거를 나타내는 연결어미"로 설명되어 있다.

(1) ㄱ. 비 젖을지니 안에 들여 놓아라.

ㄴ. 집에 없을지니 찾자갈 필요가 없다.

ㄷ. 그것은 거짓말이었을지니 더 물어볼 필요가 없다.

(1ㄱ~ㄷ)은 『우리말사전』에 있는 예를 그대로 옮긴 것인데, 모두 이유를 나타내는 것으로 보인다. 1~2인칭 주어는 「-을지니」와 같

이 쓰일 수 없을 것 같고, 시간비종결어미는 「-었-」만 같이 쓰일 뿐이다. 위 예문에서는 나타나지 않았으나 종결절의 의향법은 의문법·명령형·권유법이 다 올 수 있다.

◆ 가정법

이에는 「-거든」, 「-노라면」, 「-는다면(은)」, 「-더라면」, 「-더라손」, 「-더라도」, 「-던들」, 「-라면」, 「-면(으면)」, 「-서라면」, 「-을것같으면」, 「-을진대」, 「-을라치면」, 「-자면」 등이 있다.

1. 「-거든」

이 어미는 받침에 관계없이 용언에 쓰이어 조건, 가정, 전제 등을 나타낸다.

(1) ㄱ. 행여 윤회의 회로에서 우리 다시 만나거든 또 친구합시다.
　　ㄴ. 밥을 잘 먹거든 일조차 못할소냐?
　　ㄷ. 어젯밤에 비가 왔거든 물이 이렇게 불지 않겠소.
　　ㄹ. 옛날에 한 사람이 있었거든 참 가난하게 살면서도 착하게 살았다네.

(1ㄱ)의 「-거든」은 틀림없이 가정을 나타낸다. (1ㄴ)의 「-거든」은 비교의 뜻으로 이해되며, (1ㄷ)의 「-거든」은 이유로 보아지며 (1ㄹ)의 「-거든」은 어떤 사실의 전제를 나타낸다. 이와 같이 하나의 연결어미는 문맥에 따라, 또 그것이 붙는 낱말에 따라 여러 가지 뜻으로 쓰일 수 있어, 그 분류의 중심을 어디에다 두어야 할지 어려운 경우가 있으나, 그 본래의 뜻을 중심으로 하여 분류하고, 나머지는 부차

적인 쓰임 또는 부차적인 뜻으로 처리하면 될 것이다. 「-거든」은 그것이 쓰이는 절의 주어로 1·2·3인칭이 다 쓰일 수 있고, 종결절의 의향법으로서 의문법은 아주 제한적으로 쓰일 것 같다. 다음의 예를 보기로 하자.

(2) ㄱ. 내가 이 일을 해 내겠<u>거든</u> 나에게 맡겨 주겠느냐?

　　ㄴ. 내가 이것을 먹고 나<u>거든</u> 우리 다 집으로 가자.

　　ㄷ. 내가 잠을 자<u>거든</u> 너는 가거라.

　　ㄹ. 비가 오<u>거든</u> 하루 쉬겠느냐?

(2ㄱ)은 문장이 좀 이상한 것 같고, (2ㄴ)은 조건으로 이해되어 자연스러우며, (2ㄷ)도 조건으로서 자연스럽다. (2ㄹ)은 장차의 일로 보아도 좀 이상한 것 같다. 이런 경우는 "비가 오면 하루 쉬겠느냐?"로 말함이 예사이다.

2. 「-노라면」

이 어미는 지속이나 가정 또는 조건 등을 나타낸다.

(1) ㄱ. 사<u>노라면</u> 잊힐 날 있으리라.

　　ㄴ. 부모님 모시고 사<u>노라면</u> 이 세상 모두가 내 것인 것을.

　　ㄷ. 하루 종일 가<u>노라면</u> 끝이 보이겠지.

　　ㄹ. 너(ㄱ)도 열심히 공부하<u>노라면</u> 성공할 것이다.

(1ㄱ~ㄷ)의 「-노라면」은 가정이나 조건을 나타내는 것으로 보아진다. 그런데 주어는 모두 1인칭이다. (1ㄹ)의 주어는 2인칭과 3인칭

인데 안 되는 것은 아니나, 아주 자연스럽지는 아니하다. 따라서 이 어미가 쓰이면 주어는 1인칭일 때 자연스럽다. 그리고 이 어미 앞에 는 「-었-」, 「-겠-」은 쓰이지 못하는 것으로 보인다.

(2) ㄱ. 어머니 모시고 <u>살았노라면</u> 행복하였을 것인데.
    ㄴ. 이곳에서 <u>살겠노라면</u> 즐거울 것이다.

(2ㄱ~ㄴ)이 보이는 바와 같이 시간비종결어미와는 같이 쓰일 수 없는 것으로 보인다.

3. 「-는다면(은)」

이 어미는 가정이나 예정 또는 추정을 나타내는 것으로 보이나 가정을 주로 나타낸다.

(1) ㄱ. 지금부터 잘 <u>준비한다면</u> 위기가 기회가 될 수 있다.
    ㄴ. 여기서 한나라당이 <u>승리한다면</u> 이전 안보 불감상태가 가실 수 있 으며 여론 조사에서 한나라당이 앞서 있는 만큼 어느 정도 안심하 고 있었다.
    ㄷ. 세계사적 맥락에서 <u>본다면</u> 유럽은 쇠퇴하고 그 자리를 한국이 대 신하는 것인지도 모른다.
    ㄹ. 만약 이 뜰밖 샘터가 개발 논리에 밀려 굴삭기가 <u>밀려온다면</u> 나도 단식을 할 수 있을까?
    ㅁ. 만일 자기 정권에서도 이러한 방식의 교육이 <u>지속된다면</u> 교육은 글자 그대로 붕괴되고 말 것이다.
    ㅂ. 마닐 그것마저 치워 <u>버린다면</u> 어머니의 흔적을 마지막으로 지워버

린 것에 다름 아니라고 생각했기 때문이었다.

ㅅ. 마음속의 죄를 헤아린<u>다면</u> 누구에게 질소냐?

ㅈ. 희망과 의지만 있<u>다면</u> 말이다.

ㅊ. 홀로 설 각오와 의지가 없<u>다면</u> 이용만 당하다 흔적도 없이 사라질 뿐이다.

ㅋ. 하늘에서 <u>본다면</u> 들꽃의 꽃봉오리나 새 새끼의 입부리나 별로 다르지 않게 보일 것이다.

ㅌ. 권위주의적 산업화의 그늘을 극복한 것이 민주화였<u>다면</u> 일탈 민주주의의 그늘을 극복할 길은 폭민주주의를 제압할 법치주의…

ㅍ. 아들의 결혼식장에서 아버지가 아들을 위하여 테너로 이 노래를 불렀<u>다면</u> 얼마나 감명스러울까?

ㅎ. 만약에 천만원이 <u>생긴다면은</u> 금시계, 금목걸이를 사줄텐데!

(1ㄱ~ㅎ)까지의 예문을 본다면 「-는다면(은)」은 가정을 나타내는 연결어미임이 확실하다. 특히 (1ㄹ, ㅁ, ㅂ)과 (1ㅎ)을 보면 「만약/만일」과 가은 가정부사와 같이 쓰이고 있음을 보아도 확실하다. 주어의 인칭에는 제약이 없으며 시간비종결어미는 「-었-」과 「-겠-」이 다 쓰일 수 있다. 종결절의 의향법은 통계에서는 서술과 의문법(가끔)이 나타났으나 명령형과 권유법은 나타나지 않았으나 쓰일 수는 있다. 통계에 따라 판단해 보면 가정법은 주로 서술법으로 끝남이 일반적이요, 의문법은 드물게 쓰이는 것이 일반적인 경향인 것 같다.

4. 「-더라면」

이것은 앞에 반드시 「-었-/-았-」이 와서 같이 쓰이는데, 「-겠-」은 잘 쓰이지 않는다. 그리고 주어는 주로 3인칭이 쓰이나 2인칭과

1인칭도 쓰일 수 있는데 잘 쓰이지 않고 있다.

(1) ㄱ. 비가 좀 왔<u>더라면</u> 좋았을 것을.

ㄴ. 그가 잘 살았<u>더라면</u> 얼마나 좋았을까?

ㄷ. 돈이 좀 넉넉하였<u>더라면</u> 귀중품도 살 수 있었을 텐데.

ㄹ. 그 선물이 책이었<u>더라면</u> 오래오래 간직하였을 텐데.

ㅁ. 내가 이번 시험에 합격하였<u>더라면</u> 너에게도 좋은 일이 있(었)을
것인데

ㅂ. 네가 부자였<u>더라면</u>, 남을 많이 도왔을 것인데.

(1ㄱ~ㄹ)은 『우리말사전』의 것을 그대로 옮긴 것이고 (1ㅁ, ㅂ)은
글쓴이가 만든 것인데, 그리 널리 쓰이는 것 같지 아니하다. 왜냐하
면 글쓴이의 통계에는 나타나지 않았기 때문이다.

5. 「-더라손」
이 어미는 그 뒤에 반드시 「치더라도」를 취하여 가정을 나타낸다.

(1) ㄱ. 아무리 뛰<u>더라손</u> <u>치더라도</u> 선수야 당하겠느냐?

ㄴ. 돈은 없<u>더라손</u> <u>치더라도</u> 기조차 겪이랴?

ㄷ. 그것이 사실이<u>더라손</u> <u>치더라도</u> 전혀 믿을 수 없다.

ㄹ. 그대가 잘 있<u>더라손</u> <u>치더라도</u> 잘 돌보아 주어야 한다.

이 어미는 「-었-/-았-」, 「-겠-」은 같이 쓰일 수 있을 것 같지
아니하다. 이 어미가 가정을 나타내는 것은 「치다」에 오는 「-더라
도」 때문인 것 같다.

6. 「-더라도」
각 어간에 바로 붙어 가정이나 양보를 나타낸다.

(1) ㄱ. 만약 그가 가더라도 그 일을 처리하지는 못할 것이다.
    ㄴ. 만일 그가 갔더라도 그 일을 처리하지 못했을 것이다.
    ㄷ. 그가 오더라도 나에 대한 이야기는 하지 말아야 한다.
    ㄹ. 그가 일을 잘 하지 못하더라도 잘 돌봐 주어라(주자)(주겠느냐?)
    ㅁ. 그가 그 일을 처리하겠더라도 누구도 일을 맡기지 않았다.

(1ㄱ~ㄹ)까지는 가정을 나타내는 것으로 보아지는데, (1ㅁ) 「-겠-」
이 쓰이었는데 이때 「-겠-」은 가능을 나타내는데, 이런 식으로 말
을 잘하지 않는 것으로 보아진다. 주어는 인칭에 관계없이 쓰이며
종결절의 의향법도 제약 없이 쓰이고 용언도 아무 제약이 없다.

7. 「-던들」
이 어미는 가정을 나타내는데 그 앞에 반드시 「-었-/-았-」이 와
야 가정의 뜻이 분명해진다. 「-겠-」은 잘 쓰이지 않는 것 같다.

(1) ㄱ. 진작 알았던들 무슨 대책을 세웠을 텐데
    ㄴ. 그가 부자였던들, 나라를 위해 공헌하였을 것이다.
    ㄷ. 주시경 선생이 아니었던들, 당시 우리말의 말본을 누가 연구하였겠나?
    ㄹ. 그녀가 양귀비처럼 아름다웠던들 저 갑부와 결혼하였을 텐데.
    ㅁ. 내(네)가 아니었던들 누가 이 큰일을 해 내었겠나?

이 어미 「-던들」은 반드시 「-었-」을 그 앞에 취하기 때문에 종결

절의 의향법으로 명령형과 권유법은 쓰이지 못한다. 명령형과 권유법은 이전에 하여야 하는 의향법이기 때문이다. 모든 용언이 다 이 어미를 취할 수 있고 주어의 인칭에도 아무 제약이 없다. 위 예문들을 보면 알 것이다.

8. 「-라면」

이 어미가 지정사에 오면 순수한 가정이나 조건을 나타내나, 동사에 오면 명령의 가정이 된다. 왜냐하면 「-라-」 때문이다. 따라서 형용사에는 이 어미가 쓰일 수 없다. 형용사는 시킴이 되지 않기 때문이다. 이 어미는 「-라+하면」의 「-하-」가 줄어서 된 것이다.

(1) ㄱ. 술 한 잔에 노래도 춤도 멋지게 잘 추는, 이 시대 둘째가<u>라면</u> 서러워할 낭만파였지요.

ㄴ. 네가 시인이<u>라면</u> 우리 가문의 영광이겠는데.

ㄷ. 그가 아니<u>라면</u>, 누구도 이 일을 처리할 수 없을 것이다.

ㄹ. 가라면 가고 오<u>라면</u> 오너라

ㅁ. 여기 있으<u>라면</u>, 우리 모두 같이 있자.

(1ㄱ)은 가정으로 보아지며, (1ㄴ~ㄷ)은 조건으로도 보아진다. 보기에 따라서는 (1ㄹ~ㅁ)도 가정이나 조건으로 볼 수 있겠다. 다음에 통계에 나온 에를 몇 개 더 들어 보기로 한다.

(2) ㄱ. 나라의 내일을 책임지겠다는 사람들이<u>라면</u> 서로 경쟁하여 안보공약으로라도 허장성세하는 것이 상식인데…

ㄴ. 그런 야당이<u>라면</u> 한국의 안보에 관한 한 차리라 햇볕 만능주의자

나 햇볕 적극론자가 솔직하고 판단하기 쉽다.

ㄷ. 이것이 시대의 변화<u>라면</u>, 대한민국의 시대는 저물고 있는지도 모른다.

ㄹ. 이런 기준대로<u>라면</u> 2002년 민주당 경선은 낙제점이었다.

ㅁ. 그 정도 수준이<u>라면</u> 차라리 눈 질끈 감고 대통합 민주신당에 참여하는 게 낫다.

ㅂ. 그것이 단지 종교적 열정 때문이<u>라면</u>, 한국에 왜 이러한 종교적 열정이 붙게 되었을까?

(2ㄱ~ㅇ)에서 보면 주어는 대체적으로 3인칭이며, 종결절의 의향법은 서술법 아니면 의문법으로 되어 있다. 그리고 (2ㄹ, ㅅ)에서 보면 「-라면」은 조사 「-대로」 다음에도 쓰일 수 있음을 보여 주고 있다.

9. 「-으면」

이 어미는 모든 용언에 다 쓰여서 가정, 또는 조건을 나타낸다.

(1) ㄱ. 봄이 <u>오면</u> 산에 들에 진달래 피네.

ㄴ. 내가 아니<u>면</u> 누가 이 나라를 지키랴?

ㄷ. 얼굴이 예쁘<u>면</u> 여자냐? 마음이 예뻐야 여자지.

ㄹ. 너희들은 점심을 먹<u>었으면</u>, 다 학교로 가거라

ㅁ. 꽃이 아름다<u>웠으면</u> 얼마나 좋겠느냐?

ㅂ. 이게 보석이<u>었으면</u>, 부자가 될 텐데.

ㅅ. 가<u>겠으면</u>, 가 보아라.

(1ㄱ~ㅅ)에서 보면, 「-으면」 앞에 「-었-」이 오니까 가정의 뜻이 더 분명하여진다. (1ㄱ~ㄷ)의 「-으면」은 보기에 따라서는 조건으로

도 볼 수 있겠다. 『우리말사전』에는 가정적 조건을 나타낸다 하였다. 주어 제약, 용언 제약, 의향법 제약은 없다. 비종결어미는 「-었-」, 「-겠-」, 「-시-」가 쓰인다.

10. 「-서라면」
이 어미는 「-어서+이라면」의 「-이」가 줄어서 된 것이다. 「-어서」 때문에 완료가 되고 「-라면」 때문에 가정이나 조건이 되는 것이다.

(1) ㄱ. 너는 배가 아프냐? 이것을 먹어서라면 빨리 병원에 가거라.

　　ㄴ. 길이 험해서라면 가지 말자(말아라)

　　ㄷ. 저희가 왜 저렇게 즐거워하느냐? 그 경기에서 이겨서입니다. 이겨서라면 우리도 같이 즐기자.

이 어미는 지정사에는 쓰일 수 없고 비종결어미도 쓰일 수 없다.

11. 「-을것같으면」
이 어미는 모든 용언에 다 쓰여 가정을 나타낸다.

(1) ㄱ. 날씨가 좋을것같으면, 내일 광장으로 떠나자.

　　ㄴ. 숭례문이 국보일것같으면 왜 관리가 허술하였을까?

　　ㄷ. 그녀가 착할것같으면, 며느리로 삼겠다.

　　ㄹ. 네가 먹었을것같으면 네가 돈을 내어라.

　　ㅁ. 내가 이 이를 할 수 있을것같으면 벌써 했겠다.

주어 제약은 없고 비종결어미는 「-었-」만이 쓰일 수 있다. 의향법 제약도 없다.

12. 「-을진대」
이 어미는 모든 용언에 다 쓰일 수 있다. 이의 힘줌어미에는 「-을진대는」이 있다.

(1) ㄱ. 비가 올진대(는) 가지 말아라.(말자)
    ㄴ. 그곳의 경치가 좋을진대, 별장을 짓자.(짓겠다)
    ㄷ. 그대가 정말 인도의 공주일진대 왜 한국의 농촌으로 시집을 왔지?
    ㄹ. 날씨가 좋았을진대, 왜 내가 가지 않았겠니?

(ㄱ~ㄹ)에서 보는바, 주어 제약, 의향법 제약은 없으나, 비종결어미는 「-시-」, 「-었-」만이 쓰인다.

13. 「-을라치면」
이 어미는 「-을라＋치면」의 합성으로 이루어진 듯하다. 모든 용언에 다 쓰일 수 있다.

(1) ㄱ. 그의 집에 갈라치면, 별별 꽃이 다 있다.
    ㄴ. 그가 장관일라치면, 왜 이 문제 하나 해결 못 할까?
    ㄷ. 거기 갔다가 비가 올라치면, 어서 오너라.
    ㄹ. 값이 비쌀라치면, 사지 말자.
    ㅁ. 밤에 그 산속에 있을라치면 별 짐승이 다 운다.

주어 제약, 의향법 제약은 없으나 비종결어미는 「-시-」와 「-었-」

이 가능할 것 같다.

(2) ㄱ. 그가 왔을라치면, 이런 일이 생기지는 않았을 것인데.
ㄴ. 할아버지께서 오실라치면, 더 분위기가 좋을 텐데.

14. 「-자면」
이 어미는 「이다/아니다」에는 잘 쓰이지 못할 것 같다.

(1) ㄱ. 그가 대통령이 되자면, 많은 지식이 있어야 하는데, 특히 문화에
대한 풍부한 지식이 있어야 한다.
ㄴ. 부자가 되자면 남보다 부지런하고 근검절약하여야 한다.
ㄷ. 네가 아름답자면 평소 몸관리를 잘 하여야 한다.

이 어미는 동사에만 쓰이는 것 같다. (1ㄷ)은 무리하게 예시하였
지마는 「-자면」은 「-자+하면」이 줄어서 된 것으로 동작성을 지니
고 있기 때문이다. 형용사라도 자제 가능한 것이면 이 어미는 쓰일
수 있다. 지정사에는 잘 쓰일 것 같지 아니하다. 비종결어미는 「-시
-」만이 가능할 것으로 보인다.

◆ 필요법

이에는 「-어야/아야」, 「-어야만/아야만」, 「-러야/라야」, 「-러야
만/라야만」, 「-어야지/라야지」, 「-어야지만/러야지만」, 「-을지니」,
「-고서야」, 「-어서야/라서야」 등이 있다. 이들 어미는 그 다음에 오
는 종결절의 내용을 달성하기 위하여 반드시 어떤 행위를 하여야

함을 요구하는 어미이다.

1. 「-어야/아야」

이 어미를 취할 수 있는 용언은 동사·형용사·지정사 등이다. 그리고 종결절의 의향법으로 명령형과 권유법은 쓰일 수 없다. 이들 자체가 그런 뜻을 함의하고 있기 때문이다.

(1) ㄱ. 너는 공부를 하여야 훌륭한 사람이 될 수 있다.

　　ㄴ. 누구든지 교육을 받아야 빨리 승진할 수 있다.

　　ㄷ. 이 약을 내가 반드시 먹어야 건강을 회복할 수 있느냐?

　　ㄹ. 바다가 조용하여야 배를 띄울 수 있지 않겠나?

　　ㅁ. 나는 몸이 튼튼하여야, 이 난관을 이겨낼 수 있다.

　　ㅂ. 너는 장학생이어야, 대학에 갈 수 있다.

2. 「-어야만/아야만」

이것은 「-어야/아야」에 조사 「-만」이 붙어서 된 것이다. 이것은 「-어야/아야」보다 더 강조하는 뜻이 있다. 한정조사 「-만」 때문이다.

(1) ㄱ. 우리는 하루 세 끼를 먹어야만 살아 갈 수 있다.

　　ㄴ. 이번 경기에서 이겨야만, 올림픽 대회에 나갈 수 있다.

　　ㄷ. 인물이 예뻐야만 미쓰 코리아가 될 수 있다.(있느냐?)

　　ㄹ. 네가 부자여야만, 이 일을 할 수 있다.

3. 「-러야/라야」

「-러야」는 '러'변칙 용언 및 '르'변칙 용언의 어간이 어두운 홑소

리로 끝날 때 쓰이고 「-라야」는 '르'변칙 용언 중 어간이 밝은 모음
으로 끝날 때나 지정사에 쓰인다.

(1) ㄱ. 이것이 좋은 책이라야, 오래오래 두고 읽을 수 있을 것인데.

ㄴ. 이 차가 빨라야 일찍 목적지에 도착할 것인데.

ㄷ. 부동산 투기자가 아니라야 대통령에 출마할 수 있다.

ㄹ. 이 단추를 눌러야, 문이 열린다.(열리느냐?)

4. 「-러야만/라야만」

이 어미는 「-러야/라야」에 한정조사 「-만」이 온 것인데, 「-러야/
라야」를 강조하는 뜻을 나타낸다. 조사 「-만」 때문이다.

(1) ㄱ. 철수라야만, 이 문제를 해결할 수 있다.

ㄴ. 사람이 발라야만 신용을 얻을 수 있고 대선 후보가 될 수 있다.

ㄷ. 효행상은 효자라야만 받을 수 있다.

ㄹ. 그는 언제나 술이 거나하여야만 집으로 간다.

5. 「-어야지/라야지」

이 어미는 「-어야/아야+하지」의 「~하」가 줄어서 된 것이다. 이
「-지」는 다지는 뜻이 있기 때문에 「-어야/아야」보다도 더 확실한
뜻을 나타낸다. 이 어미는 모든 용언에 다 쓰일 수 있다.

(1) ㄱ. 나는 돈을 벌어야지 고향에 갈 수 있다.

ㄴ. 네가 가야지 나도 갈 수 있다.

ㄷ. 봄이 와야지, 꽃이 핀다.

ㄹ. 얼굴이 예뻐야지 시집을 잘 가지.

ㅁ. 이것이 돈이라야지, 내가 형편이 펴이겠는데.

ㅂ. 내가 그 일을 하였어야지, 무슨 말을 할 게 아니냐?

ㅅ. 이 차가 빨라야지 일찍 집에 갈텐데.

ㅇ. 때가 이르러야지, 해결이 날 게 아니냐?

이 어미는 지정사와 '르'변칙 용언과 '러'변칙 용언이 오면(ㅁ, ㅅ, ㅇ)과 같이 「-라야지/러야지」가 되고 그 이외의 용언에 오면 「-어야지/아야지」가 된다.

6. 「-어야지만/러야지만」

이 어미는 「-어야지/러야지」에 조사 「만」이 와서 된 것으로 「-만」 때문에 뜻이 더 강조되는 듯하다.

(1) ㄱ. 밥을 먹어야지만 힘을 낼 수 있지 않겠나?

ㄴ. 힘이 세어야지만, 이 무거운 물건을 들 수 있지 않겠나?

ㄷ. 몸이 튼튼하여야지만 장수할 수 있다.

ㄹ. 산이 푸르러야지만 나라가 부강해질 수 있다.

ㅁ. 부자라야지만, 좋은 일을 할 수 있겠다.

7. 「-을지니」

받침 있는 각 어간에 붙어 마땅함을 나타낸다. 품사의 종류를 가려잡지 않으나 시간비종결어미 「-겠-」과는 공기할 수 없다.

(1) ㄱ. 이 책을 단시일 내 읽을지니 쉬지 말고 읽어라.

ㄴ. 그의 이야기는 거짓<u>이었을지니</u> 그대로 믿지 말아라

ㄷ. 그이가 미쁠<u>지니</u> 잘 사귀어 보아라

ㄹ. 그는 지금 집에 <u>없을지니</u>, 찾아가야 소용이 없다.

ㅁ. 그를 꼭 만나야 <u>할지니</u>, 지금 찾아갈까?.(가자.)

8. 「-고서야」

이 어미는 어간 바로 뒤에 오므로 그 앞에 「-었-/-겠-」은 쓰일 수 없다. 「-고」가 완료의 뜻을 지니고 있기 때문이다. 이 어미는 「-고서+야」로 이루어진 것이다.

(1) ㄱ. 돈을 <u>가지고서야</u> 큰소리를 칠 수 있다.

ㄴ. 강산이 <u>아름답고서야</u>, 관광객을 유치할 수 있지 않겠나?

ㄷ. 그가 권력자가 <u>아니고서야</u> 어찌 큰소리를 칠 수 있었겠나?

ㄹ. 이것이 <u>보물이고서</u>야 소중하게 간직할 수 있다.

ㅁ. 내가 <u>정직하고서야</u> 남에게 바르게 살라고 말할 수 있다.

ㅂ. 네가 <u>착하고서야</u> 남도 착해지라고 말할 수 있다.

9. 「-어서야/라서야」

이 어미는 「-어서/라서+야」로 된 것으로 모든 용언에 다 쓰일 수 있으며 시간비종결어미는 「-었-/았」만이 쓰일 수 있다.

(1) ㄱ. 그는 돈을 <u>받아서야</u> 가지, 그렇지 않으면 안 간다.

ㄴ. 그녀는 <u>예뻐서야</u> 시집을 잘 갔지, 안 그러면 그 좋은 집안으로 가지 못했다.

ㄷ. 그가 착한 사람이 <u>아니라서야</u>, 그리 잘 될 수 있었겠느냐?

ㄹ. 일당을 받<u>아서야</u> 가거라.(가자)

ㅁ. 식사를 하<u>였서야</u> 가지, 안 하고서야 어찌가겠느냐?

「-어서야/라서야」는 지정사와 '르'변칙 용언과 '러'변칙 용언에 쓰인다. (1ㄹ)의 예문은 다소 무리인 것 같으나 예시하였다. 그리고 주체존대 비종결어미 「-시-」와는 공기하는 어미가 있고 공기하지 못하는 어미가 있는데, 전자에 속하는 것에는 「-어야(만)/아야(만)」, 「-어야지(만)/아야지(만)」, 「-을지니」, 「-고서야(만)」 등이 있다. 예시하면 다음과 같다.

(2) ㄱ. 언제나, 사장님이 <u>가셔야(만)</u>, 사원들이 퇴근을 한다.

ㄴ. 교수님이 <u>가셔야지(만)</u>, 조교들이 퇴근할 수 있다.

ㄷ. 아버지가 건강하<u>시고서야(만)</u> 온 집안이 편안하다.

ㄹ. 선생님이 가<u>실지니</u>, 잘 모시어라.

◆ 비교법

이에는 「-거든」, 「-느니」, 「-듯이」, 「-으리만큼」, 「-다시피」 등이 있는데, 종결절의 내용이 반드시 이에 알맞은 것이어야 한다.

1. 「-거든」
이 어미는 「이유」의 뜻으로도 쓰이나 비교의 뜻으로 쓰인다.

(1) ㄱ. 이 집이 아름답<u>거든</u> 저 정자는 어떠하냐?

ㄴ. 선생이 저러하<u>거든</u>, 하물며 학생이야 말해 무엇하겠나?

ㄷ. 내가 어찌 아니하였<u>거든</u> 넨들 어찌 잊었겠느냐?

ㄹ. 여기가 살기 좋<u>거든</u> 저긴들 살기 좋지 않겠느냐?

ㅁ. 네가 일등이<u>거든</u>, 그도 일등이다.

오늘날 이 어미는 비교보다는 가정이나 조건의 뜻으로 쓰이고 있다. 종결절의 의향법은 주로 의문법이 쓰이는 것 같다. 물론, (1ㅁ)과 같이 서술법이 쓰일 때도 있기는 하다.

2. 「-느니」

이 어미 앞에는 「-었-/았」, 「-겠-」은 쓰이지 못한다. 이 어미는 주로 동사에만 쓰이는 것 같다. 비교란 견주는 동작성을 나타내기 때문이다.

(1) ㄱ. 앉아서 걱정하<u>느니</u>, 직접 가서 일을 처리하여라.

ㄴ. 그냥 보고 있<u>느니보다</u> 행동을 보여주어라.

ㄷ. 집에서 그냐 고심하<u>느니</u>, 직접 다니면서 일터를 구해 보면 어떠할까?

ㄹ. 누워서 보<u>느니보다</u>, 앉아서 보는게 낫지.

(1ㄴ~ㄹ)에서 보면, 「-느니」는 경우에 따라서는 조사 「-보다」를 취하여 쓰이기도 하는데, 그렇게 되면 비교의 뜻이 더 분명해진다.

3. 「-듯이」

이 어미는 「-듯」으로 쓰이기도 하는데 모든 용언에 두루 쓰인다. 그리고 종결절의 의향법은 다 쓰일 수 있다.

(1) ㄱ. 나비가 날개를 파닥이며 올라왔듯이 그들도 나비를 찾아, 엄마를 찾아 멀고 높은 산 위에 와 있다.

ㄴ. 땅속의 엄마가 대답을 못하듯이 나비도 날개만 흔들어 댈 뿐이던 말도 할 수 없음을 깨다를 수 있을까?

ㄷ. 다섯 살 아이에겐 다섯 살 인생이 전부이듯, 80번째 봄을 맞는 엄마에겐 이 봄이 엄마가 당면한 유일하고도 절대적인 현실이자 모든 것이다.

ㄹ. 내 늙은 엄마를 소 뼈다귀 우리듯 우려 먹고 싶다.

ㅁ. 도마에서 다듬어진 재료가 맛깔스런 음식으로 탄생하듯이 도마와 칼로 만난 우리 부부는 새로운 삶을 구성해 가지 않는가?

ㅂ. 손만 닿으면 풀각시의 머리이듯이 갈래로 나누어 다시 묶어 주는 게 여간 재미있지 않았다.

ㅅ. 우리가 프랑스인과 이탈리아인을 잘 구별 못하듯 그들도 동양사람을 잘 구별하지 못한다.

ㅇ. 부모를 여의었을 때, 내밀한 결의를 혼자 다지게 되듯이 말이다.

ㅈ. 눈을 크게 뜨고 지내다가 이마에 원하지 않는 주름살이 생길 건 불을 보듯 뻔하니 실천하고 싶지 않다.

위의 「−듯(이)」은 유사함을 나타낸다. 이 어미는 의존명사 「−듯」에 「이」가 와서 부사처럼 쓰이다가 어간 바로 다음에 쓰인 데서 어미로 변하고 말았다.

4. 「−으리만큼」

이 어미는 「−으리」에 견줌 조사 「만큼」이 와서 비교어미가 되었는데, 그것은 「만큼」 때문에 견줌을 나타내게 되었다.

(1) ㄱ. 세계적으로 그 유례를 찾아볼 수 없<u>으리만큼</u> 이상적으로 되었다.

ㄴ. 그의 아버지는 아들을 공부시키<u>리만큼</u> 돈을 많이 벌어 놓았다.

ㄷ. 그는 놀고 지내<u>리만큼</u> 돈이 많다.

ㄹ. 그도, 우리가 믿<u>으리만큼</u> 신용 있게 처신하였다.

이 어미 앞에는 「-었-/았」은 물론 「-겠-」은 쓰일 수 없다. 「-으리」 때문이다. 여기 실제 예문에는 나타나지 않았지만, 종결절의 의향법은 제약 없이 모든 의향법이 다 쓰일 수 있다.

5. 「-다시피」

이것은 어미 「-다」에 특수조사 「시피」가 합하여 된 것인데, 여기서 비교어미로 다루기로 한다.

(1) ㄱ. 네가 알<u>다시피</u> 한글은 세계에 으뜸가는 글자이다.

ㄴ. 그가 박사이<u>다시피</u> 너도 박사이다.

ㄷ. 꽃이 아름답<u>다시피</u> 너도 아름답다.

ㄹ. 네가 보았<u>다시피</u> 그는 참으로 훌륭한 사람이다.

ㅁ. 그가 먹었<u>다시피</u> 너도 먹어라.

ㅂ. 너도 들었<u>다시피</u> 나도 들었는데 그는 세계저긴 학자란다.

세계에서는 잘 나타나지 않으나 때로는 잘 쓰기 때문에 여기에 다루었다. 주어로 「나」는 잘 안 쓰이는 것 같다. 의향법도 위에서 보인 것 이외는 잘 쓰지 못하는 듯하다.

◆ 의도법

　말할이의 의도를 나타내는 연결어미로 이에는 「-겠다고」, 「-고자/고져」, 「-는답시고」, 「-(으)러」, 「-(으)려」, 「-었으면」, 「-어야겠다고」, 「-으려」, 「-을려고」, 「-을라」, 「-을래야」, 「-을라고」, 「-을려니」, 「-을래도」, 「-을려면」, 「-을려다가」, 「-으려도」, 「-으려야/을려야」, 「-으리라」, 「-자고/자고도」, 「-자니/자니까」, 「-자며」, 「-자면서(도)」, 「-으리라」, 「-으려는데」 등이 있다. 이들 어미는 동사에만 쓰이는 것이 일반적이다.

1. 「-겠다고」

　여기서 비종결어미 「-겠-」을 포함시킨 것은 「-겠-」과 「-다고」가 합하여야 의도를 나타내기 때문이다. 때매김에서 「-겠-」이 의도를 나타내기도 한다고 설명하였는데, 바로 이 「-겠-」 때문에 「-다고」가 의도를 나타내는 어미로 보아지는 것이다.

(1) ㄱ. 이제 나라의 미래를 맡겠다고 나선 사람들의 책임 있고 성숙한 자세다.

ㄴ. 여당은 너도 나도 대통령이 되겠다고 외쳐 대는 군소 후보들만 난립해 있을 뿐 과연 누가 여당 후보가 될 수 있을지조차 예측하기 어렵다.

ㄷ. 국가의 미래를 책임지겠다고 나선, 가장 강력한 경선 후보 중의 한 사람인 이명박 전 서울시장의 입에서 나온 말은 아니었다.

ㄹ. 신발 한 켤레 사 신겼으면 좋겠다고 혼자 생각했을 뿐인데도 세밑은 다가오고…

ㅁ. 대학에서 영어 숭배사상으로 모든 과목을 영어로 강의하겠<u>다고</u> 한다.

ㅂ. 그는 이 떡을 먹겠<u>다고</u> 여기까지 사러 왔다(왔느냐?)

ㅅ. 그녀는 예뻐지겠<u>다고</u> 코 수술을 하였다.(하였느냐?)

(1ㄱ~ㅅ)까지에서 보면 종결절의 의향법은 서술법과 의문법만이 오고 명령형과 권유법은 올 수 없다. 다음 예를 보자.

(2) ㄱ. 너는 무엇을 먹겠<u>다고</u> 여기까지 왔느냐?

　　ㄴ. 너는 이 책을 읽겠<u>다고</u> 비싼 돈을 주고 사 왔구나

　　ㄷ. 나는 집을 짓겠<u>다고</u>, 지금까지 저축하여 왔다.

　　ㄹ. 그는 무엇을 하겠<u>다고</u> 이렇게 일찍 왔지?

(1ㄱ~ㅅ)과 (2ㄱ~ㄹ)까지에서 보면 연결절의 주어에는 1·2·3인칭이 다 올 수 있으나 1인칭이 주어가 되면 의향법은 서술법만 쓰인다. 그러나 주어가 「우리」가 되면 권유법에도 쓰인다. 그리고 「-겠다고」 앞에는 「-었-/았」은 올 수 없으나 「-시-」는 올 수 있다. 다음 예를 보자.

(3) ㄱ. 그가 이 떡을 먹었겠<u>다고</u> 사람들은 말한다.

　　ㄴ. 아버지는 서울 가시겠<u>다고</u> 아침 8시 차로 떠나셨다.

(3ㄱ)에서 「-었-」이 오니까, 「-겠다고」는 추측을 나타낸다. 그러므로 「-겠다고」 앞에 「-었/았-」은 쓰일 수 없다. 이 어미는 동사에 두루 쓰이고 자제 가능한 형용사에도 쓰일 수 있다.

2. 「-고자/고져」

이 어미 앞에는 「-시-」 이외의 어떠한 비종결어미도 쓰일 수 없다.

(1) ㄱ. 좋은 작품을 출품하고자 노력하는 규연서유회원 여러분께 진심으로 감사합니다.

ㄴ. 너는 무슨 과목을 전공하고자 하느냐?

ㄷ. 너는 이 책을 읽고자 하는구나.

ㄹ. 나는 미국으로 유학가고자 영어 공부를 열심히 하고 있다.

ㅁ. 철수는 그림 공부를 하고자 파리로 떠났다.

ㅂ. 물을 먹고자 마을로 내려온 멧돼지를 주민들이 잡았다.

ㅅ. 우리는 그를 구하고자 온갖 노력을 다했다.

ㅇ. 할아버지는 서울에 가시고자 온갖 노력을 다했다.

ㅈ. 나는 그를 보고져 한다.

이 어미가 쓰일 때는 종결절의 의향법은 서술법과 의문법이 쓰이고 권유법과 명령형은 잘 쓰이지 않는 듯하다.

(2) ㄱ. 우리는 잘 살고자 노력하자.

ㄴ. 너는 잘 살고져 노력하여라.

(2ㄱ~ㄴ)은 성립되지 않는 것은 아니다. 좀 이상하며 실제 통계에서는 잘 나타나지 않는다. 그리고 「-고자」는 「-고」에 뜻함의 뜻을 나타내는 어미 「-자」, 「-저」가 붙어서 전체적으로 의도를 나타내는 어미가 되었다. 의도를 나타내는 어미는 동사, 이외에 형용사, 지정사에도 쓰일 수 있을 것 같다.

(1) ㄱ. 그는 예쁘고자 얼굴 수술을 하였다.

ㄴ. 그는 부자이고자(-고저)」, 돈을 모은다.

3. 「-는답시고」

이 어미는 「-ㄴ다+합시고」의 「하-」가 줄어서 된 것으로 의도를 나타내는데, 「-ㄴ답시고」의 「-시-」 때문에 주체존대의 비종결어미 「-시-」는 쓰일 수 없다. 동시에 「-었-/았」과 「-겠-」, 「-으리-」 등도 잘 쓰일 것 같지 아니하다.

(1) ㄱ. 그는 그 경기에서 이겼답시고, 의기 양양하였다.

ㄴ. 너는 서울에 갔다 왔답시고 떠들어 대느냐?

ㄷ. 그들은 이번 경기에서 이기겠답시고 굳게 다짐하였다.

(1ㄱ~ㄴ)에서 보면 「-았-/었」이 쓰이니까 「-답시고」는 의도의 뜻이 없어졌고, (2ㄷ)은 「-겠-」이 들어가니까 의도의 뜻은 있으나 실지 생활에 잘 쓰이지 아니한다. 그리고 이 어미가 오면 연결절의 주어에는 별 제약이 있는 것 같지 아니하다.

(2) ㄱ. 참석자들 이야기를 메모한답시고 볼펜과 수첩을 손에 쥐고 있긴 하겠지만 손도 볼펜도 수첩도 보이지 않습니다.

ㄴ. 그는 공부한답시고 서울로 떠났다.

ㄷ. 자기가 잘한답시고 뽐내며 까분다.

ㄹ. 제딴에는 모양을 낸답시고 단장을 하고 외출을 하였다.

ㅁ. 그녀는 예쁘답시고 제법 으시댄다.

(1ㄱ~ㄴ)과 (2ㄱ~ㅁ)으로써 보면 이 어미는 서술이나 이유 등을 나타내는 뜻으로 이해되나, (2ㄱ)의 글을 보면 의도를 나타내는 것 같아서 의도를 나타내는 어미로 처리하였다. 그리고 이유나 서술 등은 부차적인 뜻으로 처리하면 좋으리라 생각된다.

(2ㅁ)을 보면 형용사에 「-ㄴ답시고」가 오니까 말이 좀 이상하다. 의도를 나타낼 때는 동사에만 쓰임에 유의하여야 한다.

4. 「-(으)러」

이 어미는 그 앞에 어떠한 비종결어미도 쓰일 수 없는 것으로 보인다. 「-시-」는 쓰일 수 있는 것처럼 느껴지나 우리의 실생활에서는 잘 쓰지 아니한다. 주어와 의향법 제약은 있는 것 같지 아니하다. 다음 예를 보자.

(1) ㄱ. 영희는 공부하러 서독에 갔다. (갔느냐?)

ㄴ. 너는 무엇하러 여기까지 왔느냐?

ㄷ. 편안히 휴가를 보내는 대신 봉사하러 간 것이다.

ㄹ. 저는 선생님을 뵈오러 여기까지 왔습니다.

ㅁ. 이 차를 고치러 서울까지 왔다.

(1ㄱ~ㅁ)까지를 보면 1인칭이 주어가 되면 서술법과 권유법이 쓰이고, 2인칭이 주어가 되면 서술법과 의문법과 명령형이 다 쓰이고, 3인칭이 주어가 되면 서술법과 의문법만이 쓰인다. 이 어미는 동사에만 쓰인다.

5. 「-었으면」

이 어미는 어떻게 보면 가정을 나타내는 어미로 보이나, 문맥에
따라서는 희망을 나타내므로 여기에서 다루기로 하였다. 「-었으면」
앞에는 다른 비종결어미는 올 수 없는 것 같고 용언은 아무 제약
없이 다 쓰인다.

(1) ㄱ..신발 한 켤레 사 신겼으면 좋겠다고 혼자 생각했을 뿐인데도 세밑
    은 다가오고 용돈 사정이 여의치 않으면…

   ㄴ. 밥을 좀 먹었으면 좋으련만 어디 있어야지.

   ㄷ. 이번에는 아들이 태어났으면 얼마나 좋을까?

   ㄹ. 이것이 돈이었으면 얼마나 좋을까?

   ㅁ. 그녀가 예뻤으면 하고 바란다.

   ㅂ. 네가 이번 시험에 합격하였으면 좋겠다.

   ㅅ. 그도 진급했으면 좋겠다.

이 어미가 연결절에 오면 주어에는 제약이 없으나, 종결절의 의
향법은 서술법과 의문법만이 쓰이고 명령형과 권유법은 잘 쓰이지
않는 것 같다. 이 어미에 쓰이는 용언은 제약이 없다. 그리고 한 가
지 특징은 이 어미가 쓰인 종결절의 서술어는 반드시 '좋다', '바라
다' 등이 쓰인다.

6. 「-어야겠다고」

이 어미는 「-어야」에 「하겠다」의 「하-」가 줄고 서로 합하여 된
것이다. 동사에만 쓰인다.

(1) ㄱ. 그러면서 조심<u>하여야겠다고</u> 다짐하였다.

ㄴ. 나수는 열심히 공부<u>하여야겠다고</u> 결심하였다.

ㄷ. 나는 집에 있<u>어야겠다고</u> 생각한다.

ㄹ. 나는 교시를 보<u>아야겠다고</u> 서울로 간다.

「-어야겠다고」는 주어로는 1인칭에 한하며 만일 2~3인칭이 되면 의무나 요청의 뜻을 나타내는 것으로 보인다. 따라서 주어가 1인칭일 때의 종결절의 의향법은 서술법에 한한다.

(2) ㄱ. 너는 공부를 열심히 하<u>여야겠다고</u> 생각한다.

ㄴ. 영희는 무용을 더 배<u>워야겠다고</u> 느꼈다.

(2ㄱ~ㄴ)에서 보면 「-어야겠다고」는 의무의 뜻으로 이해되는 듯하다. 이때도 종결절의 의향법은 서술법으로만 되는 듯하다. 명령형과 의문법 등이 절대로 안 되는 것은 아니나, 문장이 이사하게 느껴지기 때문이다.

7. 「-으려」

이 어미가 쓰이는 문장의 종결절의 의향법은 서술법과 의문법이 쓰이면 자연스러우나, 명령형이나 권유법이 오면 이상하게 느껴진다. 그리고 이 어미는 동사에만 쓰인다. 의도를 나타내기 때문이다.

(1) ㄱ. 회우를 향한 그리움을 삭히<u>려</u> 함이리라

ㄴ. 이 새빨간 진흙에 묻히<u>려</u> 여길 왔는가?

ㄷ. 넥타이 맨 사람들이 관객도 없는 무대 위에서 밀려 떨어지지 않으

려 엉켜 붙어 있는 모양 자체가 가관이다.

ㄹ. 다음 정부에 부담을 넘기려 하니 이 또한 염치없는 행동이다.

ㅁ. 당 대회 때와 같이 대처하려 할지 모른다.

ㅂ. 의혹을 양당 후보라는 권력으로 뭉개려 할지 모른다.

ㅅ. 벼가 벌써 익으려 한다.

ㅇ. 그는 공부하려 서울로 떠났다.

ㅈ. 벌써 꽃이 피려 한다.

ㅊ. 나는 푹 쉬려 이곳에 왔다.

ㅋ. 너는 무엇하려 여기까지 왔느냐?

ㅌ. 그는 영희를 데리려 서울로 갔다.

(1ㄱ~ㅌ)에서 보면, 주어는 생물이든 무생물이든 제약이 없다.

8. 「-을려고」

이 어미는 「-을려＋하고」의 「하-」가 줄어서 된 것으로 동사에만 쓰이고 주어에는 별 제약이 있는 것 같지 아니하다.

(1) ㄱ. 울려고 내가 왔던가, 웃을려고 왔던가?

ㄴ. 공부할려고 아무리 애를 써도 잘 되지 않는다.

ㄷ. 이곳에 집을 지을려고 생각하였으나 알고 보니 주위가 좋지 않아서 그만두기로 하였다.

ㄹ. 그녀를 잊을려고 아무리 애를 써도 잊을 수가 없구나.

ㅁ. 너는 여기서 무엇을 할려고 계획을 세웠느냐?

ㅂ. 너는 여기서 일을 할려고 생각하였구나.

ㅅ. 그는 자동차를 살려고 여기까지 찾아왔다.

(1ㄱ~ㅅ)에서 보면 주어가 2인칭이면 의향법은 주로 의문법이 쓰여야 자연스럽고, 서술법도 자연스러운 듯하다(1ㅂ 참조). 주로 '~할려고 하는구나' 식으로 되어야 자연스럽다. 다음에 더 많은 예를 보기로 하자.

(2) ㄱ. 어린것이 시의 맛을 알게 되었는지 동화책을 읽으려고 하지 않는다.

ㄴ. 남자는 필시 짙은 색안경으로 흐르는 눈물을 감추려고 했을 것이다

ㄷ. 아이들 앞에서 슬픔을 위장하려고 했을 것이다.

ㄹ. 떠내려가고 있는 신발을 건지려고 안간힘을 썼지만 불가항력이었다.

ㅁ. 홧김에 답답한 속을 풀려고 내뱉는 말로 치부하기엔 목소리가 너무 크다.

ㅂ. 바다 위를 날고 있는 갈매기들만 보려고 해도 자꾸 비둘기들이 내 눈 앞에서 알짱거린다.

ㅅ. 이왕 간판을 본 김에 내 필명도 지으려고 머리를 굴려 본다.

ㅇ. 그녀를 향하여 방귀포 한 대를 쏘아 주려고 궁둥이를 내밀고 아랫배에 힘을 불끈 주었지만 실탄이 떨어져 하는 수 없이 "뽕" 소리를 내고 방으로 들어와 버렸다.

ㅈ. 그녀가 좀더 예쁘게 뵈기 위하여서나 늙지 않게 보이려고 쌍꺼풀을 하려는 게 아니다.

ㅊ. 국어 관계 예산을 깎을려고 한다니 무엇이 잘못된 것이 아닐까?

ㅋ. 콜로디우스 2세가 젊은이들을 전쟁터로 끌고 가려고 금혼령을 내리자 뜨거운 피를 지닌 밸런타인 사제가 죽음을 무릅쓰고 반기를 들었다.

(2ㄱ~ㅋ)까지는 통계를 낸 것인데 주어는 1인칭 아니면 3인칭이

요, 의향법은 서술법 아니면 의문법만으로 되어 있다. 명령형이나 권유법은 전혀 쓰여 있지 아니하니, 이것이 아마 우리의 언어습관이 아닌지 모르겠다.

9. 「-을라」, 「-을래야」

이 어미는 의도 또는 염려를 나타내는 경우가 있고 서술을 나타내는 경우가 있는데, 여기서는 전자의 경우만을 다루기로 한다.

(1) ㄱ. 내가 그것을 먹을라 하니까, 아버지가 못 먹게 하더라.

　　ㄴ. 집에 갈라 하는데, 손님이 와서 좀 늦었다.

　　ㄷ. 저 소가 달아날라, 잘 매어 두어라.

　　ㄹ. 아이가 떨어질라, 잘 보살펴라.

　　ㅁ. 적이 쳐 내려올라 경비를 단단히 서야 한다.

　　ㅂ. 네가 시험에 떨어질라, 평소에 공부를 단단히 하여라.

　　ㅅ. 너머질라. 조심하여라.

(1ㄱ~ㄴ)은 의도를 나타내고 (1ㄷ~ㅅ)은 염려를 나타낸다. 의도를 나타낼 때는 「-을라」 뒤에 「하다」가 와야 한다. 이 어미는 동사에만 쓰인다. 주어는 제약이 없는데 의향법은 서술법과 명령형이 쓰이는데 주어가 1인칭일 때는 권유법도 쓰일 수 있다.

(2) ㄱ. 밤에 호랑이가 나올라 우리 모두 밤에 조심하자.

　　ㄴ. 어린이가 잠을 깰라 조용히 하자.

(2ㄱ~ㄴ)의 종결절의 주어는 1인칭이다. 따라서 의향법은 권유법

이 되었다. 「-을라」 뒤에 「하다」 이외의 서술어가 와도 「의도」를 나타낸다.

(3) ㄱ. 나는 그를 <u>도울래야</u> 도울 수가 없다.

ㄴ. 그 시간에 <u>일어날래야</u> 도저히 일어날 수가 없었다.

ㄷ. 너는 철수를 <u>이길래야</u> 이길 수가 없다.

ㄹ. 그가 여기 <u>올래야</u> 올 수가 없어서 전화를 하였다.

ㅁ. 너는 그를 <u>믿을래야</u> 믿을 수가 없더냐?

ㅂ. 그 아파트는 너무 비싸서 <u>살래야</u> 살 수가 없더라.

(3ㄱ~ㅂ)에서 보면 인칭에도 제약이 없으나 종결절의 의향법은 서술법과 의문법만 사용된다. 예문에서 보는 바대로 「-을래야」가 오는 동사와 같은 동사가 반드시 그 뒤에 쓰여야 된다는 것이 특이하다.

10. 「-을라고」

이 어미는 방언적인 성격을 띠고 있으나 글에서 쓰이므로 여기에서 다루기로 한다. 동사에만 쓰이며 인칭에는 별로 제약이 있는 것 같지 않다.

(1) ㄱ. 그는 혼자 <u>있을라고</u>, 아무도 못 오게 하였다.

ㄴ. 이번 일요일에 나는 산에 <u>갈라고</u> 계획하고 있다.

ㄷ. 비가 <u>올라고</u> 그러는지 무덥기 그지없다.

ㄹ. 너는 어디 <u>갈라고</u> 이렇게 행장을 차리고 왔느냐?

주어가 2인칭이 될 때, 종결절의 의향법이 의문법이 쓰이면 아주 자연스럽고 서술법은 제법 제약을 받는 것 같다. 그리고 명령형도 쓰일 수 있으나 그리 흔하게 쓰이지는 않는 것 같다. 주어가 1·2·3인칭의 경우는 의향법은 서술법과 의문법이 다 쓰이는데 명령형은 2인칭에 쓰인다. (서술법은 위의 예문을 참조할 것.)

(1) ㄱ. 그는 서울 <u>갈라고</u>, 준비를 하고 왔냐?
   ㄴ. 너는 그녀를 만나러 <u>갈라고</u>, 생각하느냐?
   ㄷ. 너는 집에 <u>갈라고</u> 꿈도 꾸지 말아라.
   ㄹ. 너는 집에 <u>갈라고</u> 생각하는구나.

(2ㄷ)에서 보듯이 2인칭이 주어일 때는 종결절의 의향법이 서술법일 때는 종결어미가 「~구나」 등으로 쓰인다. (2ㄷ)은 주어가 2인칭일 때는 명령형도 쓰일 수 있음을 보인 것이다.

11. 「-을려니」
이 어미가 오는 문장의 주어는 1인칭에 한하는 것 같고 종결절의 의향법은 서술법만이 쓰이는 것 같다. 물론 이 어미는 동사에만 쓰인다.

(1) ㄱ. 9.11테러 넘어 <u>나올려니</u> 매우 힘들었다.
   ㄴ. 이 이를 <u>처리할려니</u> 너무도 힘이 든다.
   ㄷ. 저 어려운 일을 <u>이겨낼려니</u>, 여간 힘들지 않는다.

위의 어미에 의한 예문은 그리 많이 나타나지 않는다. 한글학회

발행 『우리말사전』에도 이 어미는 나타나지 않는다.

12. 「-을래도」

이 어미는 「-을라+하여도」가 줄어들어 이루어진 것으로 보인다. 주어는 1·2·3인칭이 다 쓰이는 것 같다.

  2~3인칭이 주어일 때는 종결절의 의향법은 의문법이 가능한 것 같다. 명령형과 권유법은 쓰일 수 없다. 이 어미는 동사에만 쓰인다.

  (1) ㄱ. 공부를 <u>할래도</u>, 시끄러워서 할 수가 없다.

   ㄴ. 밥을 <u>먹을래도</u> 입맛이 업서 못 먹겠다.

   ㄷ. 너는 서울 <u>갈래도</u>, 못 가는 까닭이 무엇이냐?

   ㄹ. 그는 유학을 <u>갈래도</u> 돈이 없어 못 간다.(가느냐?)

  이 어미는 어떻게 보면 '애씀'의 뜻으로도 이해된다.

13. 「-으려면」

이 어미는 「-면」 때문에 가상의 뜻으로도 이해될 수 있으나, 문맥상으로 보면 의도로 보는 것도 무리는 없을 것 같아, 여기에서 다루기로 한다. 물론 동사에만 쓰이고 주어 제약은 없는 것 같다. 종결절의 의향법은 별 제약이 있는 것 같지 아니하다.

  (1) ㄱ. 먹이를 구하<u>려면</u>, 풍랑과 싸워야 하는 새로운 섬에서 밤을 보내야 한다.

   ㄴ. 한여름 현관문이라도 열어 놓으<u>려면</u> 아무래도 제일 큰 집이 나을 듯싶었다.

ㄷ. 더 훗날 야금거릴 추억거리를 만들려면 주머니가 희생하는 것쯤은 감래해야 하는 것 아닌가?

ㄹ. 정권 교체하려면 나를 믿는 수밖에 없다.

ㅁ. 무엇보다도 책을 좋아하려면 재미있다는 생각을 가져야 한다.

ㅂ. 그는 국제적 경쟁 사회에서 앞서려면 창의력이 있고 모국어 구사력이 뛰어난, 바른 인성을 가진 인재들을 양성하는 것이 중요하다며…

ㅅ. 눈을 크게 보이게 하려면 얼굴에 살을 찌워서는 안 된다고 한다.

ㅇ. 다른 나라말 가운데서 들온말을 가려 뽑으려면 먼저 들온말의 뜻매김을 하고 외래어 사정 원칙을 마련해야 한다.

ㅈ. 성공하려면 꾸준히 노력하여야 한다.

ㅊ. 이 구조에 새로운 개념을 추가하려면 기존의 것과 다른 새로운 차이점을 명시하면 된다.

ㅋ. 성공하려면 남보다 더 일해야 한다.

ㅌ. 호랑이를 잡으려면 호랑이 굴에 들어가야 한다.

ㅍ. 성공하려면 꾸준히 노력하여야 한다. (노력하자).

ㅎ. 이 일을 해 내려면 어떻게 해야 합니까?

14. 「-을려다가」

이 어미는 「-으려＋하다가」가 줄어서 된 것으로 보인다. 동사에만 쓰이고 주어 제약은 없는 것 같다.

(1) ㄱ. 쥐 잡으려다가 독 깨뜨린다.

　　ㄴ. 멧돌 잡으려다가 집돌 잃었다.

　　ㄷ. 도둑 잡으려다가 몸만 다쳤다.

ㄹ. 불을 <u>끄려다가</u> 중상을 입었다.

ㅁ. 중매<u>하려다가</u> 곤욕만 당하였다.

ㅂ. 이 이를 하<u>려다가</u> 다른 일을 했나?

이 어미는 「-다가」 때문에 중단의 뜻을 나타내는 것이 아닌가 생각할는지 모르나, 문맥으로 보면 의도로 보아야 할 것 같다. 종결절의 의향법은 서술법과 의문법만이 쓰이는 것 같다.

15. 「-으려도」
이 어미는 「~으려」에 조사 「-도」가 붙어서 된 것으로 「~으려고 하여도」의 뜻을 나타낸다. 동사에만 쓰인다.

(1) ㄱ. 아무리 쥐를 <u>잡으려도</u> 잡히지 않는다. (않느냐?)

ㄴ. 네가 아무리 그를 <u>따라붙으려도</u> 따라붙지 못한다.

ㄷ. 아무리 공부를 <u>잘하려도</u> 잘되지 않는다.

「-으려도」는 어쩌면 작정 또는 노력 등으로 이해되는 일이 있다. 주어는 별 제약이 있는 것 같지 않고 의향법은 서술법과 의문법만이 가능하다.

16. 「-으려야/을려야」
이 어미는 「-으려」에 조사 「-야」가 합하여 이루어졌다. 그 뜻은 노력으로 이해된다. 동사에 쓰인다.

(1) ㄱ. 그 일을 <u>잊으려야</u> 잊을 수 없다.(없느냐?)

ㄴ. 스승을 다르려야 따를 수 없다.

ㄷ. 그는 공부할려야 돈이 없어 못한다고 한다.

주어는 제약이 없으나 종결절의 의향법은 서술법과 의문법만이 쓰인다.

17. 「-자고/자고도」

「-자고도」는 「-자고」에 조사 「-도」가 붙어서 된 것이다 동사에 만 쓰이는데 뜻은 문맥에 따라 권유·명령·의도·결심 등을 나타낸다. 따라서 이들도 달리 다룰 곳이 없어서 「의도」에 포함시켜서 여기에서 다루기로 하였다. 통계에 따르면 의향법은 서술법만이 나타났는데 의문법도 쓰일 수 있다. 주어의 인칭에는 별 제약이 없다.

(1) ㄱ. 특전사 7개 부대를 보내 인질을 구출하자고도 하고 좀 더 대규모 전투부대를 파견해 탈레반을 응징하자고도 한다.

ㄴ. 서예 사랑으로 어김없이 가르쳐 주시자고 애쓰시는 예술 정신의 삶에 힘입어…

ㄷ. 여러 서예의 영역에 다양한 작품을 준비하자고 애썼습니다.

ㄹ. 좋은 작품을 출품하자고 노력하는 규연서유회원 여러분께 진심으로 감사합니다.

ㅁ. 여기서 나는 '들풀'로 부르자고 다시 제안한다.

ㅂ. 중앙정부가 영어나라 만들자고 나서지 않을까 걱정된다.

ㅅ. 그는 나를 같이 가자고 꼬신다.

ㅇ. 밥을 먹자고 하니 반찬이 없다.

ㅈ. 같이 놀자고 하는 바람에 시간만 보내었다.

(1ㄱ·ㅁ·ㅂ·ㅅ·ㅈ)의 「-자고」는 권유나 명령의 뜻으로 이해되고 (1ㄴ·ㄷ·ㄹ)은 의도를 나타내며 (1ㅇ)은 결심 또는 의도를 나타내는 것으로 이해된다. 「-자고」는 권유로 「-고자」는 의도를 나타내는 연결어미인데, 권유도 일조의 이도가 들어 있기 때문에 여기서 다루기로 하였다.

18. 「-자니/자니까」

여기의 「-자니」는 「-자니까」가 준 것으로 보이며 이것은 본래 「-자+하니까」가 준 것이다. 그러므로 이 어미는 동사에만 쓰인다. 주어에는 제약이 없는 듯하다.

(1) ㄱ. 산등성인지도 모르는 빙판을 비틀비틀 달리<u>자니</u> 심악한 나는 오금이 저렸습니다.

ㄴ. 막 잠자리에 들<u>자니까</u>, 누가 찾아왔다.

ㄷ. 책을 읽<u>자니까</u> 전기불이 나가고 말았다.

ㄹ. 너는 도미<u>하자니</u>, 은근히 걱정이 되는 듯하다.

ㅁ. 그는 공부<u>하자니</u> 집이 어려워 뜻대로 되지 않는 듯하다.

ㅂ. 너는 무이도식<u>하자니</u>, 시간 보내기가 힘이 들지?

ㅅ. 철수가 서울에 <u>가자니</u> 돈이 없다고?

「-자니(까)」로 이어지는 종결절의 의향법으로 명령형과 권유법은 쓰일 수 없다.

18. 「-자며」

이 어미는 말할이가 들을이에게 권유하는 뜻을 나타내는데, 동사에만 쓰이나 혹 형용사에도 쓰일 수 있다. 주어 제약은 없고 의향법도 별 제약이 없는 듯하다.

(1) ㄱ. 책상 위에 올려놓고 보<u>자며</u> 그 꽃을 산다.

ㄴ. 나는 구경 가<u>자며</u> 그를 꼬시었다.

ㄷ. 너는 서울 가<u>자며</u> 어디로 가느냐?

ㄹ. 너는 놀러 가<u>자며</u> 영희를 데리러 가거라.

ㅁ. 철수는 서울 가<u>자며</u> 영희를 꼬시었나?

ㅂ. 우리는 미국 가<u>자며</u> 그녀를 꼬시어보자.

ㅅ. 나는 영화 보러 가<u>자며</u> 그녀를 꼬셔 볼까?

위의 예들 중에서 (1ㅂ)에서 보는 바대로 의향법이 권유법으로 될 때의 주어는 '우리'가 되어야 한다.

(2) ㄱ. 영희는 우리도 아름답<u>자며</u> 친구와 함께 성형수술을 하였다.

ㄴ. 반장은 제발 조용하<u>자며</u> 책상을 두들겼다.

(2ㄱ~ㄴ)은 형용사에도 「-자며」가 쓰인 예이다. 「-자며」는 「-자+하면」이 줄어서 된 어미이다.

19. 「-자면서」, 「-자면서도」

이 어미는 「-자+하면서(도)」가 줄어서 된 것으로 용언과 주어에 제약이 없는 듯하고 의향법에도 제약이 없는 듯하나, 그 쓰이는 용언에 따라 가부가 결정되는 듯하다. 이와 같은 일은 앞의 「-자며」의 경우도 같다.

(1) ㄱ. 사교육비를 줄이<u>자하면서도</u> 미국말을 배우는 데 드는 돈을 줄일
   생각을 못 하니 논의가 거듭될 때가 많다.

   ㄴ. 그는 같이 일하<u>자면서(도)</u> 도모지 움직이지를 않는다.

   ㄷ. 그만 쉬<u>자면서(도)</u> 자꾸 일을 하느냐?

   ㄹ. 모두 미국에 가<u>자면서</u> 그녀를 데리러 가거라 (가자)

   ㅁ. 나는 공부하<u>자면서</u> 철이를 데리러 갔다.

   ㅂ. 나도 아름답<u>자면서</u> 화장을 하였다.

   ㅅ. 너도 아름답<u>자면서(도)</u> 왜 화장을 하지 않느냐?

   (1ㅂ~ㅅ)은 형용사에도 「-자면서(도)」가 쓰일 수 있음을 보인 것
이다. 앞의 모든 경우가 다 그러하지마는 「이다/아니다」에는 의도
를 나타내는 연결어미는 쓰일 수 없다.
   이 어미의 정확한 뜻은 꾀임인데 꾀임도 의도에 포함되므로 여기
에서 다루기로 하였다.

   20. 「-(으)리라」
   이 어미는 종결어미지만은 요즈음은 연결어미처럼 많이 쓰이기
때문에 여기서 다루기로 한 것이다.

   (1) ㄱ. 나도 그 일은 잊으<u>리라</u> 결심하였다.

   ㄴ. 너는 그가 그 약속을 지키<u>리라</u> 생각하였더냐?

   ㄷ. 철수는 저 일을 해 내<u>리라</u> 다짐하였다.

   (1ㄱ~ㄷ)에서 보면 주어가 일인칭일 때는 의도를 나타내나, 주어
가 2~3인칭일 때는 추정으로 이해된다. 이 어미는 (1ㄱ)의 경우 「나

는 그 일을 잊으리라고 결심하였다」에서 인용조사 「-고」를 줄인 것으로 보아진다. 그런데 그렇게 보면 문장의 짜임새는 [나는 「나는 그 일을 잊으리라」고 결심하였다]에서 [ ] 안의 밑줄 친 「나는」이 줄고 위의 「1ㄱ」이 된 것으로 보아야 하나, 문장의 짜임새의 설명에서 편리한 쪽이라 생각하여 그렇게 다루었으니 이해를 바란다.

(2) ㄱ. 나는 <u>가리라</u> 정처 없이 아주 가리라

(2ㄱ)에서 밑줄 친 「<u>가리라</u>」를 「가리라고」로는 도저히 성립될 수 없기 때문이다.

21. 「-으려는데」
이 어미는 동사에만 쓰인다. 「-으려＋하는데」가 줄어서 된 것이다. 비종결어미는 「-시-」만이 쓰인다.

(1) ㄱ. 학교를 가<u>려는데</u> 비가 막 쏟아졌다.
　　ㄴ. 꽃이 피<u>려는데</u> 날씨가 갑자기 싸늘하다.
　　ㄷ. 너는 무엇을 하<u>려는데</u> 그리 급하냐?
　　ㄹ. 내가 떠나려는 눈치를 알고 차에 오<u>려는데</u> 울상이 되어 두 팔을 앞으로 뻗치면서 손가락 끝까지 있는 힘을 다하지 않는가. 그 장면을 찍<u>으려는데</u> 눈치를 모르는 할매가 그 좋은 장면을 놓치고 말았다.

1.1.2. 뒤집음으로 종결절을 요구하는 연결어미

이 어미에는 양보법, 불구법이 있다.

◆양보법

이에는 「-으나마」, 「-는다마는」, 「-는다면서도」, 「-는다손」, 「-눈댔자」, 「-는들」, 「-는다지만」, 「-더라도」, 「-라도」, 「-라지만」, 「-래도」, 「-런들」, 「-던들」, 「-련만」, 「-을지나」, 「-을지언정」, 「-읍니다마는」, 「-어도/-아도」, 「-어서라도」, 「-(이)라도」, 「-은들」 등이 있다. 이들 주에는 부분적으로 양보의 뜻이 희박한 어미도 있고 불구·가상 등 여러 가지 뜻을 나타내는 것도 있으며 하나의 어미가 문맥에 따라 두 가지 세 가지 뜻으로 이해되는 것이 있으나 그 대종을 이루는 뜻에 따라 여기에서 다루기로 하였다.

1.「-으나마」

이 어미는 양보·불구·미흡·불만·조건 등을 나타내나 양보가 주된 뜻일 것으로 보고 여기서 다루기로 하였다.

(1) ㄱ. 적으나마 이것을 가지고 가시오.

ㄴ. 맛은 없으나마 많이 드세요.

ㄷ. 이것을 받기는 받으나마 마음은 편하지 아니하다.

ㄹ. 이것으로는 부족하나마 받아두자.

ㅁ. 이 일은 너의 분수에 넘치나마 잘 처리하겠느냐?

ㅂ. 여러 가지로 부족하나마 이번에 출마하기로 하였습니다.

ㅅ. 내가 오늘은 이만 가나마 내일은 그만두지 않겠다.

ㅇ. 죽이라도 먹고나마 가거라.

ㅈ. 맛은 없으나마 좀 드시오.

ㅊ. 나는 가나마, 너는 있거라.

ㅋ. 적으나마 많은 듯이 받으시오.

ㅌ. 나는 먹었으나마 너는 안 먹었느냐?

ㅍ. 할아버지가 가시나마 일이 잘 해결되는지 모르겠다.

ㅎ. 철수는 학생이나마 행실이 별로 좋지 아니하다.

(1ㄱ~ㅎ)까지에서 보면 (1ㅌ~ㅍ)은 좀 부드럽지 못한 느낌이 든다. 그리고 (1ㅎ)에서 「-으나마」가 「이다」에 오면, 그 종결절의 의향법으로 의문법은 잘 쓰일 수 없는 것 같다.

(2) ㄱ. 그는 학생이나마 품행이 방정하냐?

ㄴ. 그는 선생이나마 존경하지 말아라. (말자)

ㄷ. 그는 박사이나마 아는 것이 별로 없다.

글쓴이가 보기에는 (2ㄱ)은 매끄럽지 못하다고 느껴진다. 그러나 (2ㄴ~ㄷ)은 자연스럽게 느껴진다.

2. 「-는다마는」

이 어미는 양보 이외에 불안·염려·불구·비애·반대 등 여러 뜻을 나타낸다. 용언 제약, 의향법 제약, 주어 제약 등은 없다. 비종결어미 제약도 있는 것 같지 아니하다.

(1) ㄱ. 오늘도 걷는다마는 정처 없는 이 발길, 지나온 자국마다 눈물 고였다.

ㄴ. 아들에게 공부를 시킨다마는 잘 될는지 모르겠다.

ㄷ. 약은 먹는다마는 효과가 별로 있는 것 같지 않다.

ㄹ. 얼굴은 예쁘다마는 마음씨는 어떠할까?

ㅁ. 낯익은 거리<u>다마는</u> 이국보다 차갑다.

ㅂ. 비가 온<u>다마는</u> 일터로 가거라. (가자)

ㅅ. 저녁은 먹었<u>다마는</u> 배가 좀 고프다.

ㅇ. 할아버지가 병원에 가셨<u>다마는</u> 병이 잘 고쳐질지 의문이다.

ㅈ. 그가 이기겠<u>다마는</u>, 두고 보아야 알겠다.

　(1ㄱ)은 불안 또는 절망의 뜻이 담긴 듯하고 (1ㄴ)은 의문, (1ㄷ~ㄹ)은 불구, (1ㅁ)은 절망, (1ㅂ~ㅅ)은 불구, (1ㅇ)은 의문, (ㅈ)은 추정 등의 뜻을 나타낸다. 이 어미는 「-는다+마는(특수조사)」으로 이루어진 것으로 위와 같은 여러 가지 뜻을 나타내는 것은 「-마는」때문이다.

　3. 「-는다면서도」

　이 어미는 「-는다+하면서도」에서 「하-」가 줄어서 된 것으로 양보의 뜻을 나타내는 것은 「-면서도의」, 「-도」때문이다. 종결절의 의향법은 서술법과 의문법만이 가능하고 주어 제약은 없으나 서술어 중 동사에는 「-는다면서도」가 쓰이고 형용사에는 「-다면서도」가 쓰이며 지정사에는 「-라면서도」가 쓰인다. 비종결어미 「-시-」와 「-었-」은 동사와 형용사에는 쓰이나 지정사에는 「-었-」만이 쓰이는 것 같다.

　(1) ㄱ. 너는 술을 끊었<u>다면서도</u> 또 술을 마시느냐?

ㄴ. 그는 담배를 안 피운<u>다면서도</u>, 남 몰래 숨어서 피운다.

ㄷ. 나는 그 일을 하겠<u>다면서도</u> 끝내 하지 못했다.

ㄹ. 이 꽃이 아름답<u>다면서도</u> 한 포기 주지 않는다.

ㅁ. 그는 사장이라면서도 돈이 없다.

(1ㄱ~ㅁ)에서 보듯이 종결절의 의향법은 서술법과 의문법만이 가능하다.

(2) ㄱ. 그는 대통령이었다면서도, 생활이 넉넉하지 못하다.(못하냐?)
ㄴ. 그녀는 젊어서는 예뻤다면서도, 지금은 그렇지 아니하다.
ㄷ. 그 꽃은 향기롭겠다면서도 실은 그렇지 않은 듯하다.
ㄹ. 그 어른은 건강하시다면서도, 매일 방에만 누워계신다.(계시느냐?)

4. 「~는다손」
이 어미는 그 뒤에 반드시 「치다」가 와야 함이 하나의 특징이다. 이 어미는 동사, 형용사에는 자연스럽게 쓰이나 지정사에 쓰이면 문장이 매끄럽지 못하고 「-이라 하더라도」의 형식으로 쓰이지 「-이라손 하더라도」의 형식으로 쓰이지 아니한다. 종결절의 의향법은 제약이 없다. 주어 제약도 없다.

(1) ㄱ. 아무리 빨리 간다손 치더라도 다섯 시간은 걸릴 것이다.
ㄴ. 그녀가 아무리 예쁘다손 치더라도 양귀비를 당하겠느냐?
ㄷ. 그가 대통려이라손 치더라도, 세종대왕만큼은 정치를 잘 하지 못할 것이다.
ㄹ. 사장이 가신다손 치더라도 일이 잘 해결되지 않을 것이다.
ㅁ. 그가 고시에 합격하였다손 치더라도 판·검사는 되지 못할 것이다.
ㅂ. 네가 이 시합에서 이기겠다손 치더라도 평소에 더 훈련을 하여야 한다.

ㅅ. 네(우리)가 이겼다손 치더라도 방심하지 말아라.(말자)

ㅇ. 네가 미국 유학을 한다손 치더라도 방심하지 말고 열심히 공부하여라.

(1ㄱ~ㅇ)에서 보면 비종결어미는 「-시-」만이 쓰이고 「-었-」과 「-겠-」 등은 제약 없이 쓰일 수 있음을 알 수 있다.

5. 「-는댔자」

이 어미는 「-는다고 하였자」가 줄어서 된 것이다.

(1) ㄱ. 그가 일을 잘 한댔자 얼마나 잘 하겠니?

ㄴ. 그가 착하댔자 갑돌이만 하려고.

ㄷ. 그가 그 문제를 해결하겠다고 했댔자 별 수가 있겠나?

ㄹ. 그녀가 예쁘댔자 양귀비를 당할라고.

ㅁ. 그가 사장이랬자 돈도 별로 없다.

ㅂ. 선생님이 가신댔자 크게 기대할 수 업슬 것이다.

ㅅ. 내가 그 일을 한댔자 큰 효과는 없을 것이다.

ㅇ. 네가 고시를 본댔자 합격할 수 있을까?

(1ㄱ~ㅇ)에서 보면 주어 제약은 없으나 비종결어미는 「-시-」만이 쓰이고 「-었-」과 「-겠-」은 쓰일 수 없다. 왜냐하면, 「-는댔자」의 「-댔-」 때문이다. 종결절의 의향법은 서술법과 의문법만이 쓰일 수 있다. 그 까닭은 「-댔-」이 과거인데 명령과 권유는 현재 아니면 미래를 나타내므로 때매김이 맞지 않기 때문이다.

6. 「-는들」
이 어미에 의한 서술어에는 제약이 없으며 주어 제약도 없다.

(1) ㄱ. 내가 간다고 <u>한들</u> 아주 가나, 아주 간들 잊을소냐?
ㄴ. 약인데, 맛이 <u>쓴들</u> 어떻게 하겠느냐?
ㄷ. 이런 열성이면 바<u>윈들</u> 뚫어내지 못하겠느냐?
ㄹ. 저 어른이 가<u>신들</u> 그 일이 해결될 수 있을까?
ㅁ. 이 약을 <u>먹은들</u>, 효과가 있을라고.
ㅂ. 네가 <u>간들</u> 별 소용이 없을 것이다.
ㅅ. 그는 매번 고시에 응시<u>한들</u> 합격하지 못하였다.

(1ㄱ~ㅅ)에서 보면 종결절의 의향법은 서술법과 의문법만이 가능하고 명령형과 권유법은 불가능하다. 그리고 비종결어미는 「-시-」만 가능하고 「-었-」과 「-겠-」은 「-은들」의 「-은-」 때문에 불가능하다. 「-은-」은 관형법의 과거를 나타내기 때문이다. 그런데 「-는들」은 절대로 쓰일 수 없다.

(2) ㄱ. 철수가 영희와 결혼<u>한들</u> 무슨 소용이 있을까?
ㄴ. 이러<u>한들</u> 어떠하며 저러<u>한들</u> 어떠하랴?
ㄷ. 내가 <u>간들</u> 아주 가나, 너를 두고 어찌 가랴?
ㄹ. 이런 집안 형편에 공부<u>한들</u> 무슨 소용이 있겠느냐?

(1ㄱ~ㅅ)까지는 물론 (2ㄱ~ㄹ)까지에서 보면 문맥에 따라 「-ㄴ들」의 뜻을 분석하여 보면, 소용 없음, 방임, 양보, 불구, 추정 등 다양하다. 그러나 여기서는 소용없음, 양보, 불구 등을 중심뜻으로 하여

양보를 나타내는 어미로 다루었다.

7. 「-는다지만」

이 어미는 「-는다고+하지만(마는)」이 줄어서 된 것인데, 「-지만」 때문에 「양보」를 나타내게 된 것이다.

(1) ㄱ. 칼과 도마는 서로에게 상처를 주고받<u>는다지만</u> 같이 있을 때 역할
　　을 제대로 할 수 있지 않을까?

　ㄴ. 책에 쓰여 있기는 믿음만 좋으면 모든 죄를 용서해 <u>준다지만</u> 아무
　　일도 않고 놀다가 '풍성한' 밥상을 받아먹지 못하는 사람으로서
　　는….

　ㄷ. 금강산이 아름<u>답다지만</u>, 장가개에 비할라고?

　ㄹ. 방학이<u>라지만</u> 하도 바빠 방학답지가 아니하다.

　ㅁ. 내가(네가) 그 일을 처리<u>한다지만</u> 좋은 결과를 가져 올지 의문이다.

　ㅂ. 그가 저 일을 처리<u>하겠다지만</u> 잘 될까?

　ㅅ. 네가 그 저를 지었<u>다지만</u>, 별로 신통치 아니하다.

　ㅇ. 할아버지가 그 행사에 참가<u>하신다지만</u>, 연세가 많아 걱정이다.

(1ㄱ~ㅇ)에서 보면, 주어 제약 서술어 제약과 비종결어미 제약은 없다. 다만 지정사가 오면 「-라지만」이 되고 「-었-」과 「-겠-」이 오면 「-는다지만」의 「-는-」은 줄어든다. 종결절의 의향법은 연결 절과 종결절의 주어가 같을 때는 서술법과 의문법만이 가능하나 앞 뒤 절의 주어가 다를 때는 종결절의 의향법은 명령형과 권유법이 다 가능하다.

(2) ㄱ. <u>그는</u> 그 모임에 가지 <u>않는다지만</u> <u>우리는</u> 가자.

ㄴ. <u>철수는</u> 학교에 가지 <u>않는다지만</u> <u>너는</u> 가거라.

8. 「-더라도」

이 어미는 「-더라」에 「-도」가 붙어서 된 것인데도 보조조사 「-도」
때문에 양보를 나타내게 되는 것이다.

(1) ㄱ. 현실적으로 가능하지도 않고 가능하<u>더라도</u> 얻는 건 적고 잃을 건
엄청난다.

ㄴ. 바쁘<u>시더라도</u> 꼭 오셔서 자리를 빛내 주시기 바랍니다.

ㄷ. 한편으로 스스로 어필하지 않<u>더라도</u> 공동체가 자기를 돌보아줄 것
이라는 기대감이 존재하기 때문이다.

ㄹ. 민초들이 유일하게 기대는 하늘마저 두 쪽 나<u>더라도</u> 결코 물러설
수 없고 양보할 수 없다.

ㅁ. 오히려 "누가 되<u>더라도</u> 나라는 망하지 않는다. 10년도 참았는데
5년 뒤 더 못 참겠느냐"고 생각해 보라.

ㅂ. 아무리 귀공자이<u>더라도</u> 군에는 갔다 와야 한다.

ㅅ. 요귀를 조금 하였<u>더라도</u>, 꼭 그를 시켜라.

ㅇ. 네가 할 수 있겠<u>더라도</u>, 꼭 그를 시켜라.

ㅈ. 우리 가계만 하<u>더라도</u> 외가를 포함하여 위로 3대를 이어 도에 전
념하였으나….

ㅊ. 인간이 쓰는 언어 표현은 그 표현 구도가 비록 잘못되어 있<u>더라도</u>
자주 듣다 보면 자연스럽고 귀에 익숙하게 들리기도 한다.

ㅋ. 내가 죽은 후 사리가 나오<u>더라도</u> 절대 세상에 내놓지 말라고 당부
를 하셨다 합니다.

ㅌ. 내 운명이 암과 대적하다 일 년 후쯤 마감된다 치<u>더라도</u> 그 또한 운명이니 따를 수밖에 없다는 결론을 내리자 암이 무섭지도 않았다.

ㅍ. 남편에 대한 면죄부를 발부했<u>더라도</u> 정작 제일 중요한 자신을 위한 면죄부는 발부할 구상조차도 하지 못하고 있다.

ㅎ. 아무리 약육강식이라고 하<u>더라도</u> 애처롭기만 하다.

ㄱ'. 일제 식민지 시기라 하<u>더라도</u> 학생들에게 굳건한 신념과 기개를 가질 것을 당부하였다.

ㄴ'. 미국이 비인가 대학을 졸업했<u>더라도</u> 미국 대학 졸업장과 취득한 학위를 내밀면 아무 검증도 없이 대단한 실력자로 인정하고 대학 교수로 채용하는 추세가 한국의 현실이다.

ㄷ'. 비가 오<u>더라도</u> 우리는 어기서 일을 하자.

(1ㄱ~ㄷ')에서 보면, 주어 제약, 서술어 제약, 종결절의 의향법 제약 등이 없다. 그리고 비종결어미의 제약도 없다. 「-더라도」는 문맥에 따라서 양보, 불구 또는 가정 등의 뜻을 나타낸다. 그러나 양보로 보아지는 경우가 많다.

9. 「-라도」

이 어미는 「-라+도」로 된 것인데 보조조사 「-도」 때문에 양보의 뜻을 나타낸다. 그리고 이것은 지정사에만 쓰인다. 「-라」 때문이다.

(1) ㄱ. 구슬이 서말이<u>라도</u> 꿰어야 보배이다.

ㄴ. 값비싼 물건이 아니<u>라도</u> 좋으니, 많이만 사 오시오.

ㄷ. 아무리 힘이 센 장군이<u>라도</u>, 이 바위는 들 수 없겠지?

ㄹ. 아무리 보잘것없는 물건이<u>라도</u> 오래 된 것이면 잘 보관하자.(하여

라.)

ㅁ. 내가 사장이<u>라도</u> 그는 채용할 수 없다.

ㅂ. 네가 아무리 뛰어난 박사이<u>라도</u> 이 문제는 풀 수 없을 것이다.

이 어미에는 비종결어미 「-았-」, 「-겠-」, 「-시-」 등이 쓰일 수 없다. 만일 쓰이면 「-라도」는 「-더라도」가 된다. 이 어미에 의한 주어 제약고 종결절의 의향법에는 제약이 없다.

(2) ㄱ. 그럴 때마다 자신의 존재를 알리기<u>라도</u> 하듯이 "덜컹덜컹" "탁탁" 소리를 낸다.

ㄴ. 복도식이라 청소를 하거나 한여름 현관문이<u>라도</u> 열어 놓으련만 아무래도 제일 큰 집이 나올 듯싶었다.

ㄷ. 꺼림직하던 차에 조그만 히트<u>라도</u> 나오면 사람들의 마음은 흔들리게 돼 있다.

ㄹ. 그는 공부하기<u>라도</u> 하느냐?

(2ㄱ~ㄹ)에서 보면 명사법이나 모음으로 끝나는 말에서는 「-이라도」의 「-이」가 줄어든다. 이 어미의 문맥적 뜻은 양보, 미흡, 아쉬움 등으로 나타난다.

10. 「-라지만」
이 어미는 「-라+하지마는」이 줄어서 된 것으로 「-라도」와 같이 역시 지정사에만 쓰인다.

(1) ㄱ. 같은 시민이<u>라지만</u>, 상대가 누구냐에 따라 그들의 응대 자세는 달

라진다.

ㄴ. 정부가 나서서 사활을 걸고 뛰어들 문제는 아니<u>라지만</u> 나같이 평범한 한 사람 한 사람이 우리 역사에 애정을 갖고 관심을 기울이다 보면 그것이 모여 큰 힘이 되지 않겠는가?

ㄷ. 그가 박사<u>라지만</u> 남의 대필에 의한 논문으로 취득한지라, 엉터리 중의 엉터리이다.

ㄹ. 그가 대통령이<u>라지만</u>, 좌파 중의 좌파인지라 나라의 장래가 걱정된다.

ㅁ. 내(네)가 선생이<u>라지만</u> 아는 것이 전혀 없다.

이 어미에 의한 주어 제약은 없으나, 서술어 제약은 앞에서 말한 바와 같다. 종결절의 의향법은 서술법과 의문법만이 가능하고 비종결어미는 전혀 쓰일 수 없다.

11. 「-래도」

이 어미는 「-라+하여도」가 줄어서 된 것으로 지정사에만 쓰이나 「-더래도」로 쓰이면 동사·형용사에도 쓰일 수 있다.

(1) ㄱ. 아주 오래된 과거가 아니<u>래도</u> 외국 여행은 부자들만이 누릴 수 있는 특권이라고 생각했었다.

ㄴ. 나는 네가 아니<u>래도</u> 이 일을 처리할 수 있다.

ㄷ. 네가 박사<u>래도</u> 이 문제는 풀 수 없을 것이다.

ㄹ. 황우장사<u>래도</u> 이 바위를 들 수 있겠느냐?

ㅁ. 영희가 아무리 미인이<u>래도</u> 미스코리아만 하겠느냐?

(1ㄱ~ㅁ)에서 보듯이 「-래도」에 의한 종결절의 의향법은 서술법과 의문법만이 쓰이고 비종결어미는 전혀 쓰일 수 없다. 그러나 주어 제약은 없다. 이 어미는 불구나 양보의 뜻을 나타낸다.

12. 「-런들」

이 어미는 「-이러한들」이 줄어서 된 것으로 「-이다/아니다」 어간에만 붙어서 지난 일이나 이전의 일을 가정하거나 양보함을 나타낸다.

(1) ㄱ. 그 날이 언제<u>런들</u> 왜 오지 않겠나?

ㄴ. 그게 아무리 좋은 보석이<u>런들</u>, 갈고 다듬지 아니하면 무슨 소용이 있겠느냐?

ㄷ. 그게 장관의 초청이<u>런들</u> 나도 가지 않겠다.

ㄹ. 네가 회장이<u>런들</u>, 나는 그 모임에 가입하지 않겠다.

ㅁ. 내가 장사<u>런들</u> 그를 구해 내겠느냐?

(1ㄱ~ㅁ)에서 보면 종결절의 의향법은 서술법과 의문법만이 가능하고 비종결어미는 쓰일 수 없으며 주어 제약은 없다.

13. 「-던들」

주로 과거를 나타내는 비종결어미 「-었-」 다음에만 쓰이어 가정이나 양보를 나타낸다.

(1) ㄱ. 그가 갔<u>던들</u>, 그런 일은 없었을 것이다.

ㄴ. 네가 일찍 예방주사를 맞았<u>던들</u> 독감에 걸리지 않았을 것이다.

ㄷ. 내(네)가 그때 자관이<u>었던들</u>, 그를 도와 주었겠느냐?

ㄹ. 비가 제때 <u>왔던들</u> 풍년이 들지 않았겠느냐?

ㅁ. 비가 <u>오던들</u> 풍년이 들까?

(1ㄱ~ㅁ)에서 보면 주어와 서술어에는 아무 제약이 없으나, 종결절의 의향법은 서술법과 의문법이 가능하고 명령형과 권유법은 불가능하다. 왜냐하면 이 어미는 반드시 지나간 비종결어미와 쓰이므로 때가 맞지 않기 때문이다. 명령형과 권유법은 현재에 하는 의향법이기 때문이다.

14. 「-련만/-오마는」

문맥에 따라서 부러움·아쉬움·가정 등을 나타내나, 여기서 다루기로 하였다. 왜냐하면 이들도 문맥에 따라 보면 양보로 보아질 수 있기 때문이다.

(1) ㄱ. 다 같은 고향땅을 가고 오<u>련만</u> 남북이 가로 막혀 원한 천리길, 꿈마다 너를 찾아 삼팔선을 헤맨다.

ㄴ. 오른쪽 방문이 활짝 열려 있으면 좋<u>으련만</u> 양쪽 문들은 흔적도 없다.

ㄷ. 바야흐로 봄이<u>련만</u> 진달래도 피려고 하지 않는다.

ㄹ. 봄이면 그도 좋아하<u>련만</u> 왜 미국에서 오지 않을까?

ㅁ. 너는 그 고시에 합격하<u>련만</u>, 왜 응시하지 않느냐?(응시하지 말아라.)

ㅂ. 그 음식이 맛이 있<u>으련만</u>, 우리는 먹지 말자.

(1ㄱ~ㅂ)을 보면 앞 절의 내용이 정반대가 되어 있다. 그러므로 양보로 다루었는데, 주어 제약, 서술어 제약, 의향법 제약은 모두

없다. 비종결어미는 「-었-」과 「-시-」만이 가능할 것 같다.

(2) ㄱ. 지금이 몇 시냐? 지금쯤 그가 왔<u>으련만</u>, 왜 아무 소식이 없느냐?

ㄴ. 선생님이 가<u>시련만</u>, 그를 잘 지도할 수 있을까?

15. 「-을지나」
동사·형용사·지정사 등에 다 쓰인다.

(1) ㄱ. 내(네)가 거기에 <u>갈지나</u> 그를 만나지는 않겠지?

ㄴ. 꽃은 아름다<u>울지나</u> 향기는 별로 없다.

ㄷ. 그게 사<u>실일지나</u>, 누가 그를 믿겠나?

ㄹ. 그 책을 <u>읽을지나</u>, 이해할 수 있을까?

ㅁ. 그는 실력 있는 사람이<u>었을지나</u>, 누가 알아주었을라고.

ㅂ. 선생님이 그 일을 처리하<u>실지나</u>, 잘 될는지 모르겠다.

(1ㄱ~ㅂ)을 보면 비종결어미는 「-었-」, 「-시-」만이 쓰이고 종결절의 의향법은 서술법과 의문법만이 쓰인다. 주어 제약은 없는 듯하나, 일인칭과 이인칭이 오면 좀 이상한 느낌이 든다. (1ㄱ)을 보면 그러한 느낌이 든다.

16. 「-을지언정」
동사·형용사·지정사에 두루 다 쓰인다.

(1) ㄱ. 생활이 어려<u>울지언정</u>, 바르게 살아라.(살자.)

ㄴ. 죽는 일이 있<u>을지언정</u>, 꼭 이 일을 해 내겠다.

ㄷ. 낙방할<u>지언정</u>, 이번 시험에 응시해 보겠다.

ㄹ. 그가 대통령일<u>지언정</u>, 나는 그를 존경하지 않는다.

ㅁ. 그가 그 대학교의 교수였을<u>지언정</u> 별로 실력이 없었다.

ㅂ. 할아버지가 집에 계실<u>지언정</u> 안심이 되지 않는다.

ㅅ. 비가 오겠을<u>지언정</u>, 우리는 여행을 떠나겠다.

ㅇ. 네가 당선될 가능성이 없을<u>지언정</u> 또 출마하겠느냐?

이 어미로 되는 문장의 주어에는 아무 제약이 없으며 서술어에도 제약이 없고 의향법에도 제약이 없다. 그러나 비종결어미 중 (1ㅅ)에서 보듯이 「-겠-」이 오니까 문장이 이상하다. 왜냐하면 「-을지언정」의 「-을-」이 있는데 또 미래의 「-겠-」이 쓰였기 때문이다.

17. 「-읍니다마는」

이 어미는 종결어미 「-읍니다」에 특수조사 「-마는」이 와서 된 것인데, 이것이 양보의 뜻을 나타내는 까닭은 「-마는」 때문이다.

(1) ㄱ. 외국어의 습득이 필요하다고 <u>합니다마는</u> 그러나 이것은 모두 여유가 있는 부르주아지의 말입니다.

ㄴ. 그는 착<u>합니다마는</u> 일하는 능력이 별로 없습니다.

ㄷ. 여기가 서울<u>입니다마는</u> 별로 변화하지가 않습니다.

ㄹ. 회의 내용을 브리핑한다고 <u>합니다마는</u> 실제 회의에서 오간 이야기와 아주 딴판이거나 거의 관계가 없는 내용들이 대부분입니다.

ㅁ. 고무공장 여공으로 오게 되었<u>습니다마는</u> 여기서도 또 하나 억울한 일이 있지요.

ㅂ. 밥을 먹었<u>습니다마는</u> 벌써 배가 고픕니다.

ㅅ. 나는 여기서 살겠습니다마는 너무 적적할까 걱정입니다.

ㅇ. 사장님이 가십니다마는 국제 문제라 잘 해결될지 의문입니다.

ㅈ. 이만 물러가겠습니다마는 용돈을 좀 주시겠습니까?

ㅊ. 이만 물러가겠습니다마는, 용돈을 좀 주십시오.

ㅋ. 오후 5시에 마치는 것이 어학회의 규칙으로 되어 있긴 합니다마는 밤 늦게까지 내려오지 않는 것이 보통입니다.

ㅌ. 그때 나는 이미 이승 사람이 아닐 것입니다마는 그때 여러분은 여러분의 눈으로 그 사회를 보게 될 것입니다.

ㅍ. 우리는 이 화장실을 이용합니다만 오늘은 여기 나오는 '마렵다'라는 말이 원래 무슨 뜻인지 좀 살펴보겠습니다.

ㅎ. 당신은 열심히 공부합니다마는 과연 이번 고시에 합격하겠는지 걱정입니다.

ㄱ'. 운다고 예사랑이 오리오마는 눈물로 달래보는 구슬픈 이 밤.

(1ㄱ~ㅎ)에서 보면 주어 제약과 서술어 제약, 비종결어미 제약은 없으나 의향법 제약은 있는 것 같다. 명령형·권유법은 불가능하다.

(2) ㄱ. 그녀는 아름답습니다마는 열성이 부족합니다.

ㄴ. 아침을 먹었습니다마는 벌써 시자기가 됩니다.

ㄷ. 저는 가겠습니다마는 그를 잘 부탁합니다.

ㄹ. 선생님이 가십니다마는 마음이 불안합니다

18. 「-아도/-어도」

이 어미는 문맥에 따라 양보·역시·불구 등 다양하게 나타나나 편의상 양보어미로 다루기로 하였다.

(1) ㄱ. 너는 가<u>도</u> 좋다.

ㄴ. 그는 죽<u>어도</u> 이 일을 하겠다고 고집한다.

ㄷ. 겉은 검<u>어도</u> 속은 희다.

ㄹ. 주말이면 날이 궂<u>어도</u> 낚시를 떠나곤 하였다.

ㅁ. 만약 실수하여 생명을 잃<u>어도</u> 그 책임은 자신이 지겠다는 서류에 사인까지 하고 말이지요.

ㅂ. 버르장머리가 없다 <u>해도</u> 이렇게 없을 수가 없습니다.

ㅅ.. 투표가 며칠만 늦추어<u>졌어도</u> 상황이 뒤바뀌었을 것이라는 분석도 있다.

ㅇ. 친구에게 점심 한 번 대접을 받<u>아도</u> 서둘러 갚아야지 기회를 못 잡아 몇 달을 지나면 그 생각이 매일 되살아나 마음이 편치 않다.

ㅈ. 내심을 그들에게 사실대로 알리는 일은 죽<u>어도</u> 할 수 없다.

ㅊ. 한다 <u>해도</u> 양쪽 모두에게 유익하지도 않다.

ㅋ.. 그러나 몇 해나 흘러<u>도</u> 소식이 없자 지금껏 돌아오지 못하는 데에 는 피치 못할 사정이 있을 거라는 쪽으로 미루어 짐작을 했다.

ㅌ. 책에서 읽은 내용을 그리므로 그<u>려도</u> 보았고 연극으로 재현해 보 기도 했다.

ㅍ. 이름만 <u>봐도</u> 그렇다.

ㅎ. 그런 당명을 사용<u>하여도</u> 괜찮은 지 중앙선관위에 문의할 걸 보니 말이다.

ㄱ'. 하루 종일 나무만 보<u>아도</u> 좋은 이층이었다.

ㄴ'. 보습력이 강한 덴 물을 조금씩 줘<u>도</u> 돼 묽머도 물받침도 없는 호분 이란다.

ㄷ'. 어느 가수는 붙잡<u>아도</u> 뿌리치는 목포행 열차에 목 놓아 울었다.

ㄹ'. 육자회담의 대표드를 탑승시켜 평양을 내달<u>려도</u> 좋다.

ㅁ'. 나들이를 할 만큼 두둑한 경제력을 갖추고 살지 <u>않아도</u> 통큰 투자를 하는 것이다.

ㅂ'. 아주 오래 된 과거가 아니<u>래도</u> 외국 여행은 부자들만이 누릴 수 있는 특권이라고 생각했었다.

ㅅ'. 하늘이 두 쪽 <u>나도</u> 내 땅 아니다.

ㅇ'. 또 담지 <u>않았어도</u> 될 말이었다.

ㅈ'. 진실이면 굳이 해명하지 <u>않아도</u> 국민이 다 안다.

ㅊ'. 십여 년 전만 <u>하여도</u> 서울 답십리 쪽 고미술 상가에 가면 오래된 나무등잔, 도끼, 반짇고리 따위를 볼 수 있었다.

ㅋ'. 북한 핵 폐기가 전제되지 <u>않아도</u> 경제 지원은 계속할 것이라고 선언하고 나섰다. 나아가 핵을 더 많이 갖거나 만들<u>어도</u> 상관없겠다는 항복 문서를 내놓은 것이다.

ㅌ'. 어느 후보가 당선<u>돼도</u> 달라질 것은 없고 위험 불안 상태는 더욱 심화될 것이라는 것을 미루어 짐작할 수 있다.

ㅍ'. 아무리 나비의 이름을 불러<u>대도</u> 땅속의 엄마가 대답을 못하듯이 나비도 날개만 흔들어댈 뿐 어떤 말도 할 수 없음을 깨달을 수 있을까?

ㅎ'. 그렇다고 둘 중 하나만 <u>있어도</u> 일을 제대로 할 수가 없다.

ㄱ". 아무리 기계문명이 발달한다 <u>해도</u> 자연은 관심이 없다.

ㄴ". 나는 발이 <u>있어도</u> 서울이라는 큰 도시가 무섭게 느껴져 가 본 곳이 아니면 마음대로 다니지 못했고 뜻이 <u>있어도</u> 용기가 없으니 뜻을 펼칠 엄두를 못 냈다.

ㄷ". 날개가 <u>있어도</u> 바다 위를 나르지 못하는 비둘기처럼…

ㄹ". 아쉬<u>워도</u> 경포대 앞바다를 떠나야만 한다.

ㅁ". 굳이 강릉까지 멀리 오지 <u>않아도</u> 될 뻔했다.

ㅂ".농약을 쓰지 않아도 밭농사가 잘된다.

「-어도/아도」는 동사·형용사에만 쓰인 예가 통계에 나타났다. 이론사으로는 지정사에도 쓰일 것 같으나 나타나지 않았다. 비종결어미는 「-었-」과 「-시-」는 가능하나 「-겠-」은 불가능하다. 종결절의 의향법은 통계상으로는 서술법과 의문법만 나타났는데 권유법과 명령형도 가능할 것 같다.

(2) ㄱ. 아쉬워도 우리는 경포대 앞바다를 떠나자.
    ㄴ. 아쉬워도 너희는 경포대 앞바다를 떠나거라.
    ㄷ. 그 일일랑 제발 잊어도 보아라.
    ㄹ. 그 일일랑 제발 잊어도 보자.

(2ㄱ~ㄴ)는 형용사에 「-어도」가 오고 종결절의 의향법은 권유법이나 명령형인데도 「-어도」는 양보의 뜻으로 이해되나 동사에 「-어도」가 와서 종결절의 의향법이 권유법이나 명령형이 되니까, 「-어도」는 역시의 뜻으로 이해된다. 그러니까 (1ㄱ~ㅂ)에서 의향법은 서술법과 의문법만이 쓰인 것 같다. 주어 제약은 없다.

19. 「-어서라도」
이 어미는 가정·양보·불구·가맹 등의 다양한 뜻을 나타낸다. 그것은 문맥에 따라서 그러하다.

(1) ㄱ. 마음의 고통은 타인보단 자신을 위해서라도 빨리 터는 것이 현명하다는 걸 알기까지 어리석어 또 일년이란 시간이 흘렀다.

ㄴ. 나무의 열매가 개울물에 떨어지면 평소에는 싫어하는 물속으로 자맥질을 <u>해서라도</u> 건져 가는 극성을 부린다.

ㄷ. 몸이 너무 힘들게 살아가는 것 같아 용돈을 <u>아껴서라도</u> 돕고 싶다며 후원을 실천했다.

ㄹ. 나의 절박한 용돈 사정을 <u>말하여서라도</u> 문제를 해결해야 내 마음은 편안해진다.

ㅁ. 눈물이 나면 <u>걸어서라도</u> 선암사로 가라.

ㅂ. 우리는 <u>죽어서라도</u> 그 놈의 원수를 갚고 말겠다.(말자.)

ㅅ. 어떤 일을 <u>해서라도</u> 그 빚을 갚아야 한다.

ㅇ. 너는 <u>죽어서라도</u> 그의 은혜에 보답하겠느냐?

「-어서라도」는 주어 제약과 의향법 제약은 없다. 그러나 비종결어미는 제약되는 것 같다. 통계에서는 나타나지 아니하였으나 예문을 만들어 보니까 그렇게 느껴졌다. 서술어는 동사에 한정되는 것으로 보인다.

20. 「-(이)라도」
「이다/아니다」에 붙어서 양보의 뜻을 나타낸다.

(1) ㄱ. 같은 값이면 <u>조선문이라도</u> 아는 사람을 쓰려고 합니다.

ㄴ. 못난 <u>사람이라도</u> 그 모임에 좀 참가시켜 주시오.

ㄷ. 너 발끝엔 <u>쇠붙이라도</u> 달고 다니니?

ㄹ. 어디 나드리 가실 <u>일이라도</u> 있느냐고 물었다.

ㅁ. 그런데 '님'은 <u>침묵이라도</u> 지켜 달라는 민주당의 애원을 뿌리치고 등을 돌렸다.

ㅂ. 잡탕식 통합은 하지 않겠다거나 DJ 말씀이라도 옳지 않은 것은 따라갈 수 없다는 말이 아직 국민의 심금을 울리지 못하는 것은 민주당의 이런 업보 때문이다.

ㅅ. 대리만족이라도 하고 싶어 겨울 바다를 찾은 것이다.

ㅇ. 한눈을 잠시라도 팔면 큰일 난다.

ㅈ. 아버지 앞에서 재롱이라도 떠는 양 제비꽃같이 또 라일락같이 생긋생긋 웃는다.

ㅊ. 돈이 조금이라도 있으면 공부를 시키겠는데.

(1ㅈ~ㅊ)은 미흡이나 아쉬움을 나타내기도 한다.

(2) ㄱ. 나는 돈이라도 많이 있으면 좋겠다.

ㄴ. 너는 재산이라도 있으니 다행이 아니냐?

ㄷ. 미흡하나마 이것이라도 가져가거라. (가자).

ㄹ. 돈이 아니라도 살아갈 수 있다.

ㅁ. 아들이 아니라도 아이가 하나 있으면 좋겠다.

(1ㄱ~ㅊ)과 (2ㄱ~ㅁ)에서 보면 주어 제약과 의향법 제약은 없으나, 비종결어미는 쓰일 수 없다.

21. 「-은들」
이 어미는 모든 용언에 다 쓰이어 양보나 불구의 뜻을 나타낸다.

(1) ㄱ. 이런들 어떠하며 저런들 어떠하리.

ㄴ. 꽃이 핀들 나에게는 아무 소용도 없다.

ㄷ. 일찍 <u>간들</u> 무엇하며 늦게 간들 무엇하랴.

ㄹ. 그녀가 <u>예쁜들</u> 너와는 결혼하지 않을 것이다.

ㅁ. 내가 아무리 <u>타이른들</u> 그는 말을 듣지 않는다.

ㅂ. 이게 <u>보물인들</u> 무엇하랴.

ㅅ. 아버지가 그를 <u>달래신들</u> 말을 들을까?

위에서 보면 의향법은 서술법과 의문법이 가능하고 주어 제약은 없으나, 비종결어미는 「-시-」만이 쓰일 수 있다.

◆ 불구법

이에는 「-거니와」, 「-건만/건마는」, 「-게나마/나마」, 「-으나」, 「-지마는/지만」, 「-고서도」, 「-고서라도」, 「-기로서니」, 「-는데도」, 「-(었)으면서도」, 「-아서도」, 「-(었)으나」, 「-었지만」, 「-을지언정」, 「-(었)지만」, 「-을지라도」, 「-을망정」, 「-으나따나」 등이 있다.

이들 주 어떤 것은 두 가지, 세 가지 뜻을 나타내는 것도 있고, 어떤 것은 불구로 보기 어려운 듯한 느낌을 주는 것도 있으나 크게 무리가 없다고 생각되어 여기서 다루기로 한다.

하나의 어미는 여러 가지 뜻을 나타내는 경우가 많은데, 그것을 일일이 나누어 다루다 보면 문법이 복잡할 뿐 아니라, 하나의 어미가 여러 가지 범주에 속하는 것으로 되기 때문에 여간 어려움이 없지 아니하다.

그러므로 하나의 어미가 가지는 가장 중심적인 뜻을 기준으로 하고 기타의 뜻은 번진 뜻으로 보아야 할 것이다.

1. 「-거니와」

이 어미는 불만·불구·대립 등 여러 뜻을 나타내는데, 비종결어미 「-시-」, 「-었-」, 「-겠-」 등이 쓰일 수 있고, 주어 제약은 없으나 의향법 제약은 있다. 즉 명령형과 권유법은 되지 않는다.

(1) ㄱ. 오늘은 그냥 가거니와 내일 와서 또 따지겠다.

ㄴ. 그는 졸업은 하였거니와, 취직이 되지 않아 걱정이다.

ㄷ. 너희는 가거니와, 우리는 어찌 하나?

ㄹ. 그는 공부도 잘 하거니와, 운동도 잘한다.

ㅁ. 그녀는 얼굴도 예쁘거니와 마음씨도 착하다.

ㅂ. 철수는 학생이거니와 아주 모범적이다.

(1ㄱ)은 양보를 나타내고 (1ㄴ)은 불구를 나타내는 듯하고 (1ㄹ)은 대립이라 할까? (1ㄹ~ㅁ)은 어떤 사실을 겸하고 있음을 나타내고 (1ㅂ)은 '무어무엇한 위에 더하여'의 뜻으로 이해된다. 그렇게 보면 (ㄹ~ㅂ)은 같은 뜻으로 보아도 좋을 듯하다.

(2) ㄱ. 할아버지는 가시거니와 대접은 어떻게 할까?

ㄴ. 비는 오겠거니와 논을 다루어 모를 심을 사람이 없다.

「-거니와」는 서술어 제약은 없다(1ㄱ~ㅂ 참조).

2. 「-건만/건마는」

이 어미는 모든 용언에 다 쓰일 수 있으며 주어 제약도 없고, 의향 법은 명령형·권유법은 쓰일 수 없다. 비종결어미는 「-시-」, 「-었-」,

「-겠-」 등이 쓰일 수 있다.

(1) ㄱ. 제 성질대로 자라서 들꽃을 피워내는 들풀<u>이건만</u> 사람들은 굳이 잡초라고 한다.

ㄴ. 여러 사람들이 이미 이런 생각을 의견으로 제안<u>했건만</u> 잡초라는 일컬음은 사라지지 않고 여전하다.

ㄷ. 내가 그것을 알으켜 주<u>었건만</u> 그는 엉뚱한 짓을 하였다.

ㄹ. 그는 잘 <u>살건마는</u> 너는 왜 못사느냐?

ㅁ. 서로 만나기는 하<u>건마는</u> 속으로는 좋아하지 않는다.

ㅂ. 이것은 떡<u>이건마는</u> 별로 맛이 없다.

ㅅ. 눈이 <u>오겠건마는</u>, 왜 대비를 하지 않느냐?

ㅇ. 할아버지는 <u>오시건마는</u> 할머니는 언제 오실까?

3. 「-게나마/나마」

이 어미에 의하여 이루어지는 종결절의 의향법에는 제약이 없으며 연결절의 주어에도 아무 제약이 없고, 서술어 제약도 없다. 그러나 비종결어미 「-시-」, 「-었-」, 「-겠-」은 쓰일 수 없다. 이 어미는 「-게+나마」가 합하여 된 것으로 「-나마」 때문에 불구의 뜻을 나타낸다.

(1) ㄱ. 종합토론회를 실속 있게 펼칠 묘안을 거둔지라 짧<u>게나마</u> 토론 계획을 건넸다.

ㄴ. 나는 간단하<u>게나마</u> 인사말을 하였다.

ㄷ. 너는 짧<u>게나마</u> 축하하는 말을 하여라.

ㄹ. 너는 간단하<u>게나마</u> 그들을 맞이하는 인사말을 하겠느냐?

ㅁ. 우리는 약소하게나마 이 돈을 수재민 의연금으로 내자.

ㅂ. 그는 늦게나마, 그 모임에 와 주어서 고마웠다.

ㅅ. 이것이나마 그에게 주자.(주어라.)

「-게나마」는 「-게-」에 조사 「-나마」가 붙어서 된 어미이다. 「-나마」가 조사인 증거는 다음 예를 보면 알 것이다.

(2) ㄱ. 집에서나마 공부 좀 하여라.

　　ㄴ. 적은 돈이지마는 이것으로나마 빚을 갚아서

　　ㄷ. 밥이나마 좀 주시오.

이 「-나마」는 「남다」라는 말에서 전성된 것으로 옛말에서는 「넘다(越)」의 뜻을 가진 동사였다.

4. 「-으나」

이 어미는 그 앞에 비종결어미 「-겠-」, 「-었-」 등을 붙여 쓰면 양보의 뜻이 더 분명하므로 통계를 내어 보면 그렇게 쓰이고 있음이 일반적이었다. 또 이 어미는 「~으나 ~으나」 식으로 쓰이기도 하고 「~으나 ~은」 식으로 쓰이기도 하나, 이들은 불구의 뜻이 없으므로 여기서는 다루지 아니하기로 한다.

(1) ㄱ. 그는 공부는 잘하나 운동은 잘하지 못한다.

　　ㄴ. 그는 빚은 많으나 그래도 생활은 잘하고 있다.

　　ㄷ. 자랑할 문화유산을 말한다면, 팔만대장경, 금속활자 등 여러 가지가 있겠으나 그 중에서 첫째로 꼽을 것은 우리의 문화유산인 한글

이라 할 것이다.

ㄹ. 그는 평소 실력으로 보아서는 무난히 시험에 합격하겠으나 그래도 안심하여서는 안 된다.

ㅁ. 나는 밥을 많이 먹었으나, 여전히 배는 고프다.

ㅂ. 그는 학자이나, 별로 아는 것이 있는 것 같지 아니하다.

(1ㄱ~ㅂ)에서 보면, 주어 제약이나 서술어 제약은 없으며 비종결어미 「-었-」과 「-겠-」, 「-시-」는 같이 쓰일 수 있다.

(2) ㄱ. 할아버지는 병환이 좀 좋아져서 걸음을 걸으시겠으나 안심은 되지 않는다.

ㄴ. 할아버지는 병원에 입원하시었으나 얼마 후에 퇴원하셨다.

ㄷ. 할아버지는 걸어다니시나, 안심할 수는 없다.

5. 「-지마는/지만」

이 어미가 쓰이는 연결절의 주어와 서술어에는 아무 제약이 없으며 비종결어미에도 제약이 없다.

(1) ㄱ. 건설에 있어서도 필요하다 하겠지만 그보다도 이 한글을 근로계급에 보급시켜야 한다.

ㄴ. 여러 사람이 슬기를 모아 만들어야 하겠지만 들온말은 국어심의회의에서 외래어 사정 원칙에 따라 가려 뽑아 들온말로 명토 박은 말이라고 뜻매김하고….

ㄷ. 너는 벌 주어야 하겠지만 정황을 생각하여 용서하겠다.

ㄹ. 한글의 보급은 조선문화의 건설에 있어서도 필요하다 하겠지만 그

보다도 이 한글을 우리 근로계급에 보급시킴으로써 그들로 하여
금….

ㅁ. 너는 그를 착하다 하겠<u>지만</u> 실은 그렇지 아니하다.

ㅂ. 너는 성공하였다고 자부하겠<u>지만</u> 아직도 더 노력하여라.

ㅅ. 우리는 그 시합에서 이겼다고 자랑<u>하지만</u>, 앞으로 묵묵히 더 노력
하자.

ㅇ. 너희는 괴롭<u>지마는</u>, 좋은 결과를 맺을 때까지 인내하여야 하지 않
겠느냐?

ㅈ. 얼음은 단단하<u>지마는</u> 물보다 가볍다.

ㅊ. 철수는 입시에 합격하였<u>지마는</u> 등록금이 없어서 고민하고 있다.

ㅋ. 그는 선생이<u>지만</u>, 행실이 별로 좋지 아니하다.

ㅌ. 사장님이 가<u>시지마는</u>, 그곳 문제는 해결되기 어려울 것이다.

(1ㄱ~ㅌ)에서 보면 종결절의 의향법에는 아무 제약이 없다. 즉 서
술법·의문법·명령형·권유법이 다 쓰일 수 있다.

6. 「-고서도」

이 어미가 오는 연결절의 주어에는 제약이 없으나 서술어로는 동
사와 형용사는 자연스러우나 지정사는 좀 이상한 듯이 느껴지며,
비종결어미도 「-시-」 이외는 잘 쓰이지 아니한다. 그리고 이 어미
는 「-고서」에 「~도」가 더하여 된 것이므로 불구의 뜻을 나타내게
되는 것이다.

(1) ㄱ. 이러한 성적표를 가지<u>고서도</u> 경제는 참여정부처럼만 하라고 주장
하는 것은 참으로 염치없는 행동이다.

ㄴ. 너는 밥을 먹<u>고서도</u> 또 배가 고프냐?

ㄷ. 그녀는 저렇게 예쁘<u>고서도</u> 미스코리아에 당선되지 못하였느냐?

ㄹ. 그는 우등생이<u>고서도</u> 입시에서 떨어졌다.

ㅁ. 이 일을 마치<u>고서도</u> 또 저 일까지 하여라.

ㅂ. 미국까지 가<u>고서도</u> 또 유럽까지 가자.

(1ㄱ~ㅂ)에서 보면 (1ㄹ)은 「이다」에 「~고서도」가 쓰인 보기인데 문장이 이상하며, (1ㅁ~ㅂ)은 종결절의 의향법이 명령형과 권유법인데 문장이 이상하다. 그러므로 서술법과 의문법만이 가능하다.

7. 「-고서라도」

이 어미는 「~고서」에 「이라도」의 「라도」가 합하여 된 것으로 그 용법은 앞의 「-고서도」와 비슷하나 어떤 제약이 있다.

(1) ㄱ. 그는 이기<u>고서라도</u> 칭찬을 받지 못하였다.

ㄴ. 그녀는 미스코리아로 뽑히<u>고서라도</u> 세계 미인대회에는 참가하지 못하였다.(못하였느냐?)

ㄷ. 나는 이 험한 고갯길을 넘<u>고서라도</u> 거기에는 반드시 가고 말겠다.

ㄹ. 너는 그런 험한 일을 겪<u>고서라도</u> 아직 정신을 차리지 못하느냐?

ㅁ. 한 개인의 장래를 보장하는 수단을 넘어 가족 해체를 무릅쓰<u>고서라도</u> 추구해야 할 가치가 되었다.

ㅂ. 편찮은 어른을 업<u>고서라도</u> 이 고개를 넘어야 한다.

ㅅ. 삼촌은 할머니를 만나기 위해서 그 어떤 어려움을 뚫<u>고서라도</u> 언젠가는 자기 앞에 설 것이라 굳게 믿고 있었다.

ㅇ. 그는 이 약을 먹<u>고서라도</u> 아무렇지도 않은 듯하다.

ㅈ. 위험을 무릅<u>쓰고서라도</u> 우리는 돌진하자.

ㅊ. 너희는 위험을 무릅<u>쓰고서라도</u> 이 전선을 돌파하여라.

「-고서라도」는 동사에만 쓰이면서 종결절의 의향법에는 아무런
제약이 없다.

8. 「-기로서니」

이 어미는 모든 용언에 다 쓰이며 비종결어미 「-시-」, 「-었-」,
「-겠-」 등과도 같이 쓰일 수 있다. 주어 제약도 없다.

(1) ㄱ. 그런데도 노정권은 "내 쌈지 안의 것을 '코드에 맞춰 인심 쓰<u>기로
서니</u> 무슨 시비냐" 할 태도다.

ㄴ. 바둑을 한 판 졌<u>기로서니</u> 그리 화를 내면 되겠느냐?

ㄷ. 네가 누구<u>기로서니</u> 그렇게 큰소리를 치느냐?

ㄹ. 아무리 시골<u>이기로서니</u> 책방이 그리도 없겠나?

ㅁ. 내가 착하<u>기로서니</u> 놀랄 터이냐?

ㅂ. 네가 늦었<u>기로서니</u>, 누가 뭐라 하겠느냐?

ㅅ. 할아버지가 늙으셨<u>기로서니</u> 그리도 힘이 없을라고?

ㅇ. 설마 비가 오겠<u>기로서니</u> 하여야 할 일은 하여야 한다.

(1ㄱ~ㅇ)에서 보면 종결절의 의향법은 서술법과 의문법만이 가능
하고 명령형과 권유법은 잘 쓰일 수 없을 것 같다.

9. 「-는데도」

이것은 「-는데+도」로 된 것인데 「-도」 때문에 불구의 뜻을 나타

낸다.

(1) ㄱ. 이렇게 아름다운 경선을 <u>치렀는데도</u> 이 후보 지지율은 제자리를
맴돌았다.

ㄴ. 베르사유 조약과 같은 역사적 사건이 <u>진행되는데도</u> 이해도 제대로
못했다.

ㄷ. 관악산 하산길 서울대 입구까지 <u>왔는데도</u> 아직 해가 중천에 떠 있다.

ㄹ. 신발 한 켤레 사 신겼으면 좋겠다고 혼자 생각했을 <u>뿐인데도</u> 세밑
은 다가오고 용돈 사정이 여의치 않으면 마치 내가 차용증서라도
써 주고….

ㅁ. 누가 사귀지 <u>않았는데도</u> 자매들은 온갖 상상력을 발휘해서 책을
가지고 재미있게 놀았다.

ㅂ. 그도 대자연의 위력에 눌려 <u>대낮인데도</u> 무시무시한 느낌이 들었다.

ㅅ. 아무리 <u>노력하는데도</u> 별 효과가 없다.

ㅇ. 천만금을 <u>준대도</u> 나는 그를 믿을 수 없다.

ㅈ. 따스한 안방에 <u>누웠는데도</u> 왠지 자꾸 떨립니다.

ㅊ. 구조차는 해가 <u>지는데도</u> 아니 오고 울상이 되어 허둥대는 나를 향
해 당신은 웃으며 말했지요.

ㅋ. 엄연히 우리말 이름이나 아호가 <u>있는데도</u> 서양 사대주의에 저저
유명 인사들의 이름을 YS, DJ, JP, MB 등의 영어 약자를 쓰고
있다.

ㅌ. 그녀는 <u>예쁜데도</u> 만족하지 않고 성형수술을 하였다.

ㅍ. 날씨가 <u>추운데도</u>, 열심히 일하자.

ㅎ. 비가 <u>오겠는데도</u>, 그들은 떠났다.

ㄱ'. 대통령이 <u>오시는데도</u> 환영객은 한 사람도 없다.

(1ㄱ~ㄱ')에서 보면 「-는데도」가 쓰일 수 있는 서술어에는 아무 제약이 없고 주어 제약, 종결절의 의향법 제약 등 모두 없다.

10. 「-(었)으면서도」

이 어미는 「-었으면서+도」로 되었는데 「-도」 때문에 불구의 뜻을 나타낸다.

(1) ㄱ. 그는 시험에 합격하였으면서도 또 공부만 하고 있다.(있느냐?)
ㄴ. 너는 돈을 많이 벌었으면서도 죽는 소리만 하고 있다.(있거라).
ㄷ. 그는 학생이었으면서도 아르바이트를 하였다.(하였느냐?)
ㄹ. 그대는 착하였으면서도 남의 사랑을 받지 못하였다.
ㅁ. 국정원 불법 도청사건에 앞장서서 DJ 주변에 방어망을 치고 온갖 욕을 먹으면서도 J의 삼남 홍업씨에게 공천을 주어 원내에 진출할 수 있도록 했던 게 누구였던가?
ㅂ. 정치 원리상 잘못이란 걸 뻔히 알면서도 DJ의 마음이 민주당을 떠날까 보아 눈치를 본 게 아니었던가?
ㅅ. 남들처럼 멋있는 필명 하나 지어야 하지 하면서도 차일피일 미루어 왔다.
ㅇ. 화가 특유의 색채와 조형미를 주면서도 하나같이 소박하고 고요하다.
ㅈ. 말은 못하면서도 나를 무척 좋아한다.

「-으면서도」도 그 앞에 「-었-」이 오면 불구의 뜻이 더 뚜렷하지 않나 싶어서 「-었으면서도」를 앞에 내세웠다. 비종결어미는 이 이외에 「-시-」가 쓰일 수 있다. 주어 제약은 없으나, 통계에 나타난 예를 보면 종결절의 의향법은 서술법과 의문법만이 나타났는데 「-

어도」와 같이 명령형과 권유법이 오면 역시의 뜻을 나타낸다. 지금 까지 앞에서 보인 많은 예들이 그런 사례가 많다. 서술어 제약도 없다.

11. 「-아서도」
이 어미는 「-아서+도」로 된 것인데, 불구·역시의 뜻을 나타낸다.

(1) ㄱ. 나무는 죽어서도 스스로 눕지 못한다.
  ㄴ. 사경을 헤맬 때도 죽는 한이 있어도 꼭 이 결혼식에 참석해야겠다
    는 의지가 있어서였다.
  ㄷ. 의미가 없는 형태소는 어떠한 과정을 거쳐 의미가 없어졌는지에
    대해서도 가능하다면 연구가 되어야 한다.
  ㄹ. 보아서도 안 되고 만져서도 안 된다.
  ㅁ. 한글의 보급은 조선문화의 민중화에 있어서나 조선문화의 건설에
    있어서도 필요하다 하겠지만 그보다도 이 한글을 우리 근로계급에
    보급시킴으로써 그들로 하여금….
  ㅂ. 한글을 배우는 데 있어서도 남달리 노력하지 않으면 아니 된다.
  ㅅ. 이 모임의 회원은 한자 숭배자이어서도 안 되고, 우리글을 경시하
    는 자여서도 아니 된다.
  ㅇ. 키가 너무 작아서도 안 되고 너무 커서도 안 된다.

이 어미에 의한 문장에서 주어 제약과 서술어 제약은 없으나 비 종결어미는 「-시-」만 가능하다. 의향법은 통계에서 서술법만 나타 났으나, 의문법·명령형·권유법이 다 가능하다.

(2) ㄱ. 너는 죽<u>어서도</u> 그 원수를 갚겠느냐?(갚아라)

　　ㄴ. 우리는 어떤 일을 하<u>여서도</u> 그의 은혜에 보답하도록 노력하자.

　　ㄷ. 선생님이 아무리 애쓰<u>시어서도</u> 학생들은 잘 따르지 못한다.

(2ㄷ)은 「-시-」가 쓰일 수 있음을 보이었다. (2ㄱ~ㄴ)에서는 의문법, 명령형, 권유법이 모두 가능함을 보인 것이다.

12. 「-(었)으나」

「-으나」는 단독으로 쓰일 경우는 드물고 「-었-」을 수반하여서는 많이 쓰인다.

(1) ㄱ. 나는 서양 교육을 받기는 하<u>였으나</u> 이름뿐인 천주교 신자이어서 엄밀한 의미에서 그 편지의 발신인이 말하는 듯한 기독교 신자는 아니다.

　　ㄴ. 위로 3대는 대를 이어 도에 전념<u>했으나</u> 지금은 형제 중 누구도 이에 응하지 않고 있다.

　　ㄷ. 그는 사시에 합격<u>하였으나</u> 임명되지 못했다.

　　ㄹ. 봄은 <u>왔으나</u> 꽃은 아직 피지 않았다.

　　ㅁ. 키는 <u>크나</u> 힘이 부족하다.

　　ㅂ. 그는 학생<u>이나</u>, 공부는 별로 하지 않는다.(않느냐?)

　　ㅅ. 너는 대학까지 공부<u>하였으나</u>, 아는 것이 별로 없다.

(1ㄱ~ㅅ)에서 보면 주어 제약과 서술어 제약은 없으나, 의향법 제약은 있다. 즉 서술법과 의문법만이 가능한 것 같다. 비종결어미는 「-었-」과 「-시-」만이 가능하다.

(2) ㄱ. 나는 일을 하였으나 임금을 받지 못하였다.

ㄴ. 그는 과학자였으나, 시도 잘 썼다.

ㄷ. 밥을 먹으나 죽을 먹으나 배 부르기는 마찬가지다.

ㄹ. 높으나 높은 은혜 어찌 다 갚을소냐?

(2ㄱ~ㄴ)은 불구, (2ㄷ)은 선택, (2ㄹ)은 강조를 나타낸다.

13. 「-었지만」

이 어미는 「-(었)지+마는」이 합하여 된 것으로 「-마는」 때문에 불구, 양보의 뜻을 나타낸다.

(1) ㄱ. 어디 손볼 데는 없는지 꼼꼼히 살펴보는 것도 중요했지만 나는 책상이 놓일 자리에서 바라보는 경치에 중점을 두었다.

ㄴ. 「-던」은 하나의 굳어진 형태소로 처리하는 것은 의미에서 출발하여 형태소를 규정하려는 데서 오는 결과이겠지만 이렇게 되면 「더, 던, 더니, 았더니」 따위가 서로 관계가 없는 별개의 형태소라는 주장도 나오게 된다.

ㄷ. 이들은 모두 '형태론'에서 연구되고 분류되어야 하겠지만, 「-더」의 의미를 연구하는 이 논문에서는….

ㄹ. 이 후보는 이겼지만 이긴 것이 아니다.

ㅁ. 막연한 기다림이 세월이 흐르면서 희미해져 갔지만 할머니만은 꼭 살아 돌아올 것이라는 처음의 믿음을 그대로 가지고 있었다.

ㅂ. 책이 읽는 사람의 마음을 행복하게 해 주는 것은 사실이지만 누구나 쉽게 그 행복가를 누리고 있는 것 같지는 않다.

ㅅ. 나중에 알게 된 사실이지만 맏딸이 너무 동시에만 편식하는 것이

걱정스러워서 어머니는 2학년 담임선생님께 의논 드렸다고 한다.

ㅇ. 요즈음 시대에 염치 있는 사람을 찾기는 쉽지 않<u>지만</u> 정치를 하는 사람들에게서 염치를 기대한다는 것은 거의 불가능에 가까운 일인가 보다.

ㅈ. 말이야 바른 말이<u>지만</u> 애초에 검찰을 경선판에 끌어들인 장본인은 다름 아닌 이명박 자신이었다.

ㅊ. 아저씨들 말마따나 하찮고 하찮은 풀이었<u>지만</u> 내 집을 찾는 이들에게 큰 자랑거리가 되었다.

ㅋ. 식물도감을 펼치면 들꽃 이름이야 찾아내겠<u>지만</u> 이들 하나하나의 이름보다 꽃잎 빛깔에 마음이 끌린다

ㅌ. 정확한 통계는 아니<u>지만</u> 이타식 삶을 산 사람일수록 죽음을 맞이하는 자세가 의연하다고 한다.

ㅍ. 시끌벅적하여 풍물장을 여는 시골장터 같<u>지만</u> 이른 봄 듣는 소리는 조용히 앞가슴을 풀어헤칩니다.

ㅎ. 진주성 전투는 비록 싸움에선 졌<u>지만</u> 죽음으로써 이후의 전세를 바꿔 놓은 역사적인 전투였습니다.

ㄱ'. 과격하기가 이에 못지않<u>지만</u> 구출작전을 성공적으로 이끈 예도 있다.

ㄴ'. 남아 있는 학생들은 어쩔 수 없이 학교는 다니<u>지만</u> 학교 가서는 잠만 잔다.

ㄷ'. 신발을 건지려고 안간힘을 썼<u>지만</u> 불가항력이었다.

ㄹ'. 비록 팔십 넘은 암환자 할멈<u>이지만</u> 다리마저 제대로 못 움직<u>이지</u>만 엄마 가슴에도 봄바람이 단단히 불었구나 싶었다.

ㅁ'. 세월은 풍상이라 하<u>지만</u> 지금의 내 모습을 어찌 풍상 때문이라고만 할 것인가?

ㅂ'. 엘리베이터 앞에 서서 단추를 누르고 멍청이 기다리는 시간도 아

까웠<u>지만</u> 낯선 사람과 조그만 상자 안에서 어색하게 서 있는 것도 싫기는 마찬가지였다.

ㅅ'. 집을 사는 사람들에게는 가장 안 좋은 조건이었<u>지만</u> 나는 나름대로 생각이 있었다.

ㅇ'. 아무리 화가 나<u>지만</u> 좀 조용히 하여라.(하자.)

(1ㄱ~ㅇ')까지에서 보면 이 어미에 의한 주어 제약, 서술어 제약, 의향법 제약, 비종결어미 제약은 전혀 없다.

14. 「-을지언정」

이 어미는 동사·형용사·지정사 등에 두루 쓰이고 주어 제약은 없으나 비종결어미는 「-시-」와 「-었-」이 쓰인다.

(1) ㄱ. 봄이 왔<u>을지언정</u> 꽃은 피지 아니한다.

ㄴ. 그는 착할<u>지언정</u> 머리가 둔하다.

ㄷ. 너는 학생일<u>지언정</u> 용서할 수 없다.

ㄹ. 배가 고플<u>지언정</u> 참아라(참자)

ㅁ. 나는 괴로울<u>지언정</u> 이 일을 하여야 한다.

ㅂ. 너는 싫을<u>지언정</u> 어서 가거라. (가겠느냐?)

ㅅ. 비가 왔<u>을지언정</u> 풍년은 들지 않았다.

ㅇ. 할아버지가 잘살<u>지언정</u> 일이 잘 될까?

(1ㄱ~ㅇ)에서 보면 의향법 제약도 없다.

15. 「-을지라도」

이 어미는 불구·불문을 나타낸다.

(1) ㄱ. 죽<u>을지라도</u> 나는 전선에 뛰어들었다.

ㄴ. 푼돈을 빌려 쓰고도 다음날 일찍 갚아 버려야 마음이 편하지 만날 수 없어 못 돌려 주<u>었을지라도</u> 밥맛을 잃는다.

ㄷ. 제아무리 강대국이라 <u>할지라도</u> 후진국으로 전락하고 만다.

ㄹ. 축제 속에 즐거움을 분출하는 순간이 짧고 덧<u>없을지라도</u> 젊음이 내뿜는 광휘가 아름답지 않은가?

ㅁ. 그가 학생<u>일지라도</u>, 나는 용서할 수 없다.

ㅂ. 너는 고생<u>할지라도</u>, 걱에 가겠느냐? (가거라).

ㅅ. 우리는 힘<u>들지라도</u> 저 건설사업에 뛰어들자.

(1ㄱ~ㅅ)에서 보면, 주어 제약, 서술어 제약, 의향법 제약은 없으나 비종결어미 중 「-시-」, 「-었-」만이 가능하다.

16. 「-을망정」

이것은 「-을+망정」으로 된 것으로서 불구·불사의 뜻을 나타낸다.

(1) ㄱ. 아무리 어려움을 겪<u>을망정</u> 양심은 속일 수 없다.

ㄴ. 어떤 일이 일어<u>날망정</u> 하고 싶은 일은 꼭 하여야 한다.

ㄷ. 여자<u>였을망정</u> 남자가 할 일까지 해 내었다.

ㄹ. 그야 망<u>할망정</u> 제 고집대로 일을 처리하였다.

ㅁ. 너는 합격<u>할망정</u>, 예감이 이상하다.

ㅂ. 나는 고생<u>할망정</u>, 미국 유학길에 올랐다.

ㅅ. 너는 망할망정, 꼭 그 일을 하여야 하겠느냐?

ㅇ. 온갖 어려움이 있을망정 저 일을 해 내어라.(내자.)

ㅈ. 그 어른이 대통령에 출마하실망정 당선되기는 어려울 것 같다.

ㅊ. 그대가 착할망정, 인상이 좋지 않다.

17. 「-으나따나」

이 어미는 잘 쓰이지는 않으나, 여기에서 다루기로 한다.

(1) ㄱ. 날씨가 차우나따나, 여기서 일을 하자.

ㄴ. 적으나따나, 가져 가거라 (가자).

ㄷ. 멋이 없으나따나 가져 가겠느냐?

ㄹ. 비가 오나따나, 학교에는 안 가면 안 된다.

ㅁ. 개떡이나따나 가져 오너라.

이 어미는 서술어 제약, 의향법 제약, 주어 제약은 없으나 비종결 어미는 「-시-」, 「-었-」이 쓰인다.

(2) ㄱ. 그가 갔으나따나, 그의 몫은 남겨 놓아야 한다.

ㄴ. 물이 담았으나따나, 농삿일을 하지 않으면 안 된다.

ㄷ. 그대가 못났으나따나, 결혼하여라.

1.2. 연결어미의 뜻에 상응하나 자유스럽게 쓰이는 연결어미

여기에는 설명법, 중단법, 지정법, 겸함법, 습관법, 명령법, 추정의 문법, 감탄법, 추정법, 완료법, 반복법 등이 있다.

◆ 설명법

이에는 「-나니」, 「-으나마나」, 「-노니」, 「-노라고」, 「-노라니」, 「-ㄴ다며」, 「-는다고」, 「-는다는데」, 「-는다니」, 「-는대서」, 「-는대서야」, 「-는데」, 「-느라」, 「-느라고」, 「-다며」, 「-는바」, 「-니」, 「-다면서」, 「-라」, 「-면서(도)」, 「-었다고」, 「-었다는데」, 「-었다니」, 「-있대서」, 「-기로서니」, 「-을작시면」, 「-라며」, 「-노라고」, 「~구나」, 「-는다더니/라더니」, 「-더라고」, 「-더니」, 「-고라도」, 「-고만」, 「-고서/-고선」, 「-고서야」, 「-는다」, 「-는다고도」, 「-다보면」, 「-을시」, 「-으려더니」, 「-어지고」, 「-지도/지는/지만」, 「-을지나」, 「-는지」, 「-거니와」, 「-으려니와」 등이 있다.

1. 「-나니」
이 어미는 주로 동사와 형용사에 쓰이는 듯하다.

(1) ㄱ. 멀리 보이나니 넓은 들이로다.
　　ㄴ. 믿는 이에게 복이 있나니, 예수를 믿으시오.
　　ㄷ. 북에는 삼각산이 솟았나니 풍수지리설로 서울이 명지로다.
　　ㄹ. 장미는 아름답나니, 만인이 좋아하는 꽃이다.
　　ㅁ. 나는 잘 있나니, 걱정 말고 건강에 유의하여라.
　　ㅂ. 너는 부지런하나니, 참으로 기특하다.
　　ㅅ. 저 어른이 건강하시나니, 모두가 기뻐하였다.

(1ㄱ~ㅅ)에서 보면 (1ㅁ~ㅅ)은 어쩐지 문장이 어색하게 느껴지며, 참된 설명법으로는 (1ㄱ~ㄷ)에 그치고 나머지는 까닭을 나타내는

듯하다. 이처럼 연결어미는 종결어미와는 달리 문맥에 따라 하나의 어미가 두세 가지 뜻으로 이해되는 경우가 많다. 주어 제약은 없으나 비종결어미는 「-시-」와 「-었-」이 쓰일 수 있고, 의향법도 서술법이 제일 자연스럽다. 이 어미는 어투이므로 그 용법이 제약되는 듯하다.

2. 「-으나마나」

이 어미는 「-으나+마나」로 된 것으로 「-마나」는 「말다」에서 온 것이다.

(1) ㄱ. 날씨가 좋으나마나 나는 골프를 치러 가겠다.

　　ㄴ. 더 물어 보나마나 뻔한 일이다.

　　ㄷ. 책이나마나, 이것을 가져 가거라.

　　ㄹ. 네가 가나마나, 그 일은 해결되었다.

　　ㅁ. 나(너)는 이곳에 있으나마나 한 존재이다.

　　ㅂ. 선생이 가시나마나 마찬가지이다.

　　ㅅ. 너는 밥을 먹으나마나 하나?

이 어미는 서술어 제약 없이 쓰일 수 있고, 이마말 제약은 없고 비종결어미는 「-시-」만이 가능하다. 의향법은 서술법과 의문법만이 가능하다. 예를 몇 개 들어보기로 하겠다.

(2) ㄱ. 나는 네가 가나마나 상관하지 않겠다.

　　ㄴ. 우리가 더 알아보나마나 그것은 사실이다.

　　ㄷ. 돈이나마나 나는 싫다.

ㄹ. 알아보나마나 그것은 세계에서 제일가는 도자기이다.

이 어미는 불구의 뜻으로도 이해될 수 있다.

3. 「-노니」

이 어미는 어투여서 잘 쓰이지 않으나, 가끔 통계에 나타난다.

(1) ㄱ. 너희에게 이르노니 한글만 쓰도록 하여라.

　　ㄴ. 그리하여 원하노니 부디 엄마가 그 새옷을 차려 입고 봄나들이를
　　　　하실 수 있기를, 엄마 손을 꼭 잡고 봄이 오는 저 들녘을 지치도록
　　　　걸을 수 있기를….

　　ㄷ. 너희가 기뻐하노니 내 마음이 편안하구나.

이 어미는 동사와 형용사에 쓰이며 주어 제약은 없으며 의향법
제약도 없는 것 같으나, 비종결어미는 잘 쓰이지 않는 듯하다. 그러
나 굳이 쓰려고 하면 「-시-」와 「-었-」이 가능할 것 같은데, 통계에
잘 나타나지 않는다.

4. 「-노라고」

이것은 종결어미 「-노라」에 인용조사 「-고」가 합하여 된 연결어
미이다.

(1) ㄱ. 제 삶의 불꽃을 충분히 연소하였노라고 만족하며 흔쾌히 악수하는
　　　　이 드물다.

　　ㄴ. 그는 미국에서 잘 있노라고 자랑하며 으시대었다.

ㄷ. 잘 하<u>노라고</u> 한 일인데, 결과는 만족스럽지 못하다.

ㄹ. 잘못했다면, 잘못했<u>노라고</u> 빌어야지.(빌어 보자.)

ㅁ. 일이 잘못되었으면 잘못했<u>노라고</u> 빌어라.

ㅂ. 일이 이렇게 되었으니 잘못했<u>노라고</u> 빌겠느냐?

위의 예에서 보면 주어 제약, 의향법 제약은 없으나, 서술어로는 지정사는 쓰일 수 없다. 비종결어미는 「-었-」, 「-겠-」, 「-시-」 등은 다 쓰일 수 있다.

(2) ㄱ. 선생님이 가시<u>노라고</u> 야단이다.

ㄴ. 그는 잘 하였<u>노라고</u> 떠든다.

ㄷ. 그는 서울로 가겠<u>노라고</u> 떠들고 말하였다.

ㄹ. 그는 고향에 가<u>느라고</u> 자랑하였다.

「-노라고」는 「-느라고」로도 쓰임을 (2ㄹ)이 보이고 있다.

5. 「-노라니」

이 어미는 동사에만 쓰인다. 동작성이기 때문이다.

(1) ㄱ. 가만히 보고 있<u>노라니</u> 가슴이 답답하다.

ㄴ. 무슨 소식이 있을까 바라<u>노라니</u> 애만 탄다.

ㄷ. 그에게 조용히 타이르<u>노라니(까)</u>, 말을 알아듣고 갔다.

이 어미에 의한 예문은 그리 많지 않은데 어투이기 때문이다. 이 어미에 의한 주어는 별 제약이 있는 것 같지 않다. 그러나 위의 예문

셋은 모두 1인칭이다.

(2) ㄱ. 그 일로 참자고 있<u>노라니</u>, 가슴이 답답하냐?

ㄴ. 철수가 열심히 공부하<u>노라니</u>, 하늘이 도우사, 고시에 합격하였다.

6. 「-(는)다며」

이 어미는 동사에는 「-는다며」로 쓰이고, 형용사에는 「-다며」로 쓰이며 「이다」에는 「-라며」로 쓰인다. 「-는다며」는 「-는다+하며」가 줄어서 된 것이다.

(1) ㄱ. 그는 서울에 간<u>다며</u> 집을 나섰다.

ㄴ. 강산이 아름답<u>다며</u> 감탄을 하였다.

ㄷ. 이것이 진본이<u>라며</u> 이상한 족자를 내어 보였다.

ㄹ. 나는 피곤하<u>다며</u> 자리에 누웠다.

ㅁ. 너는 왜 그가 착하<u>다며</u>, 칭찬하였느냐?

ㅂ. 너는 그가 열심이<u>라며</u> 칭찬하여라.

ㅅ. 우리는 조국이 아름답<u>다며</u> 세계에 선전하자.

(1ㄱ~ㅅ)에서 보면 주어 제약, 의향법 제약은 없으며, 서술어 제약도 없음은 위에서 말하였다.

(2) ㄱ. 그는 밥을 먹었<u>다며</u>, 내가 주는 햄버그를 거절하였다.

ㄴ. 앞으로 열심히 공부하겠<u>다며</u>, 용서를 빌었다.

ㄷ. 할아버지가 오신<u>다며</u> 영희는 좋아하였다.

(2ㄱ~ㄷ)에서 보면, 비종결어미는 「-었-」, 「-겠-」, 「-시-」가 쓰임을 알 수 있다.

7. 「-는다고」
이 어미는 「-는다+고(인용조사)」로나 「-는다+하고-」의 줄인 것으로 볼 수 있으나, 예문을 보면 그렇게 보기에는 무리가 있다.

(1) ㄱ. 밤엔 반딧불이가 날아다닌다고 한다.

　　ㄴ. 콘크리트 바닥을 물청소한다고 베니아 칸막이를 들췄다가 바닥에 널린 방석들과 콜라병을 보고 혼비백산한 형사들이 쉬쉬하며 헐렁한 베니아판에 단단히 쇠못을 바가 버리기 때문입니다.

　　ㄷ. 굳게 마음먹는다고 두 표를 행사할 수 있는 것은 아니다.

　　ㄹ. 시골 간다고 말하여라.(말하였느냐?)

　　ㅁ. 그는 미국에서 잘 산다고 말하여라.

　　ㅂ. 국민은행은 'KB'로 이름을 바꿔 세계화 길로 간다고 생각하고 있다.

　　ㅅ. 그는 감기를 앓는다고 결석하였다.

　　ㅇ. 그는 공부한다고 정신이 없다.

　　ㅈ. 꽃이 진다고 새들아 울지 마라.

　　ㅊ. 비가 온다고 풍년이 들겠느냐?

　　ㅋ. 우리는 잘 있다고 말하자.

위에서 보면 「-는다고」는 설명 이외에 이유, 조건 등으로 이해가 되기도 하나 모두 '설명'으로 다루었다. 주어 제약, 서술어 제약, 의향법 제약은 없다.

(2) ㄱ. 그는 밥을 먹<u>었다고</u> 하면서, 내가 주는 떡을 거절하였다.

ㄴ. 그는 앞으로 일을 잘 하<u>겠다고</u> 하였다.

ㄷ. 그는 할아버지가 <u>오신다고</u> 좋아하였다.

(2ㄱ~ㄷ)을 보면 비종결어미는 「-시-」, 「-었-」, 「-겠-」이 쓰일 수 있다. 「이다」에 이 어미가 오면 「-이라고」가 됨에 유의하여야 한다.

8. 「-는다는데」

이 어미는 「-는다+하는데」가 합하여 된 것이다.

(1) ㄱ. 몇몇 학교에서 영어 몰입교육을 <u>한다는데</u> 이는 사실상 우리 말글 버리기 운동이다.

ㄴ. 금강산이 <u>아름답다는데</u> 대하여 누구도 부인 못할 것이다.

ㄷ. 이것이 <u>보물이라는데</u> 참으로 의심스럽다.

ㄹ. 핸드볼 시합에서 우리나라가 <u>이겼다는데</u> 참으로 기뻤다.

ㅁ. 그가 그 일을 <u>처리하겠다는데</u> 아무 말도 하지 말자.(말아라.)

ㅂ. 영어 몰입교육을 <u>하겠다는데</u>, 너는 찬동하겠느냐?

(1ㄱ~ㅂ)에서 보면 「-는다는데」는 모든 용언에 다 쓰일 수 있고, 의향법 제약과 주어 제약, 비종결어미 제약은 없다만, 「-리-」는 쓰일 수 없다.

9. 「-는다니」

이 어미는 「-는다+하니」가 줄어서 된 것이다.

(1) ㄱ. 그가 공부를 잘 <u>한다니</u> 귀신이 탄복할 일이다.(탄복할 일이 아니냐?)

　　ㄴ. 가뭄에 비가 <u>온다니</u> 참으로 다행이다.

　　ㄷ. 이게 보물<u>이라니</u> 믿을 수 있겠느냐?

　　ㄹ. 그대가 <u>착하다니</u> 믿어 보자.

　　ㅁ. 그가 일을 잘 <u>처리하겠다니</u>, 시간을 두고 믿어 보아라.

　　ㅂ. 그가 거부가 <u>되었다니</u>, 믿을 수가 없구나.

　　ㅅ. 내가 <u>착하다니</u>, 누가 믿겠느냐?

　　ㅇ. 네가 잘 <u>되었다니</u> 모두가 좋아할 것이다.

　　ㅈ. 아버지가 <u>가신다니</u>, 기분이 좋다.

(1ㄱ~ㅊ)을 보면, 주어 제약, 서술어 제약, 의향법 제약이 없다. 다만 「-리-」는 쓰일 수 없다. 「-는다니」는 문맥에 따라 원인, 근거 등으로 이해되기도 한다.

10. 「-는대서」
이 어미는 「-는다+하여서-」가 줄어서 된 것이다. 따라서 이는 동사에만 쓰이고 형용사에는 「-대서」가 쓰이고 지정사에는 「-래서」가 쓰인다.

(1) ㄱ. 그가 <u>착하대서</u> 보아 주었더니, 말썽만 부린다.

　　ㄴ. 하루 살고 <u>죽는대서</u> '하루살이'이다.(이냐?)

　　ㄷ. 일을 <u>잘한대서</u> 채용하였더니 사실과 다르다.

　　ㄹ. 곧 <u>떠난대서</u> 섭섭하냐?

　　ㅁ. 그가 유명한 <u>박사래서</u> 모셔 왔다.

ㅂ. 내(네)가 착하<u>대서</u> 누가 믿겠느냐?

(1ㄱ~ㅂ)을 보면 의향법은 서술법과 의문법만이 쓰임을 알 수 있고, 주어 제약은 없으며 서술어 제약도 없다.

(2) ㄱ. 일이 잘 됐<u>대서</u>, 그에게 상금을 주었다.
  ㄴ. 철이가 미국에 가겠<u>대서</u> 허락을 하였다.
  ㄷ. 사장이 가신<u>대서</u> 공항까지 모시다 드렸다.

(2ㄱ~ㄷ)에서 보면 비종결어미는 「-었-」, 「-겠-」, 「-시-」가 쓰임을 알 수 있다. 이 어미는 강조할 때는 「-는대서야」가 쓰인다.

(3) ㄱ. 지금 간<u>대서야</u> 말이나 되느냐?
  ㄴ. 네가 이것을 가진<u>대서야</u> 말도 안 된다.
  ㄷ. 그대가 착각한<u>대서야</u> 누가 믿겠느냐?
  ㄹ. 이것이 명저래<u>서야</u>, 사람들이 비웃겠다.
  ㅁ. 그가 고시에 합격했<u>대서야</u> 누구 하나 반가워하지 않는다.
  ㅂ. 철수가 저 어려운 일을 해내겠<u>대서야</u> 누가 믿을 수 있겠느냐?
  ㅅ. 저 어른이 대통령에 출마하신<u>대서야</u> 누가 지지하겠느냐?

(3ㄱ~ㅅ)에서 보면 「-는대서야」는 그 용법이 앞의 「-는대서」와 같으나 지정사에는 비종결어미의 용례는 좀 어려울 듯이 보인다. 그러나 굳이 쓰면 쓰일 수는 있을 것이다.

(4) ㄱ. 이것이 장차 보물이겠<u>대서야</u> 누가 믿겠느냐?

ㄴ. 저 어른이 훌륭한 교육자<u>였대서야</u> 아무도 믿지 않는다.

ㄷ. 지석영 선생이 우리나라 최초의 종두법을 시행한 어른이<u>시었대서야</u> 그들은 모를 것이다.

11. 「-는대야」

이것은 「-는다＋해야」가 줄어서 된 것이다. 따라서 그 용법은 「-는대서」 또는 「-는대서야」와 비슷해 보인다.

(1) ㄱ. 고기를 낚<u>는대야</u> 얼마나 낚을까?

ㄴ. 그가 착하<u>대야</u> 얼마나 착할까?

ㄷ. 이것이 고가의 고서<u>래야</u> 얼마나 받겠느냐?

ㄹ. 빨리 <u>간대야</u> 열 시간은 걸릴 것이다.

이 어미는 주어 제약, 서술어 제약은 없으나, 비종결어미는 「-시-」, 「-었-」이 쓰일 것이다. 의향법은 서술법과 의문법만 가능하다.

12. 「-는데」

어원으로는 「-는＋데」이다. 여기서 「-는」은 관형어미이요, 「-데」는 의존명사인데 그 뜻을 잃어감에 따라 「-는데」로 어미화한 것이다.

(1) ㄱ. 대통령 잘 뽑으면 될 줄 알<u>았는데</u> 걱정하는 국민 신세만 한심.

ㄴ. 안보 공약으로라도 허장성세하는 것이 상식<u>인데</u> 이번 대선은 안보가 뒷전에 밀리거나 오히려 여론몰이에 악재로 등장하고 있다.

ㄷ. 나도 햇볕주의자임을 내건 모양<u>인데</u> 그런 야당이라면 한국의 안보

에 관한 한 차라리 햇볕 만능주의자나 적극론자가 솔직하고 판단하기 쉽다.

ㄹ. 서부 리그가 시작될 무렵엔 이인제 대세론<u>이었는데</u> 올해 동부리 그는 이명박 대세론 속에 막이 올랐다.

ㅁ. 내 또래의 아이들은 대부부니 고무신을 <u>신었는데</u> 그게 신발로만 끝나는 게 아니었다.

ㅂ. 누락된 회우들이 있을 리 <u>없는데</u> 작년과 다르게 빈 공간이 생긴다는 것이다.

ㅅ. 자신의 건강 검진 결과의 적신호를 <u>전하는데</u> 뜨끔한 반면 죽음이 별것인가?

ㅇ. 재·보궐 선거가 있을 때마다 이삭줍기를 해 한 석 두 석 <u>늘려왔는데</u> 이게 무슨 일인가?

ㅈ. 나는 그를 <u>길렀는데</u>, 그는 나를 모략하고 배반하였다.

ㅊ. <u>성가신데</u> 그만 두시오.

ㅋ. 값은 <u>싼데</u> 맛이 없다.

ㅌ. 비가 <u>오는데</u> 우산을 같이 쓰자.

ㅍ. 비가 <u>오는데</u> 좀 기다렸다가 가거라.

(1ㄱ~ㅍ)에서 보면 주어 제약, 서술어 제약, 의향법 제약은 없고 비종결어미는 「-리-」 이외는 다 쓰인다 다만, 형용사와 지정사에 쓰일 때는 「-ㄴ데」로 된다.

13. 「-느라」
이 어미는 동사에만 쓰인다.

(1) ㄱ. 그저 모래사장에서 먹이를 <u>찾느라</u> 분주할 뿐, 다른 것에는 관심이 없어 보여 그렇게 느껴졌는지도 모른다.

ㄴ. 쉬지 않고 먹이를 <u>찾느라</u> 정신없이 서두는 비둘기들의 모습이 내 모습과 더 닮았다.

ㄷ. 개구리와 도룡뇽 알을 <u>구경하느라</u> 많은 시간을 샘터에서 보냈습니다.

ㄹ. 이 부대 뒤편에서 남북 정상회담의 민족끼리 바람과 극적인 후보 단일화된 드라마를 <u>만들어내느라</u> 여념이 없다.

ㅁ. 들꽃이 피었다. 이울면서 쬐그만 풀씨 <u>익히느라</u> 바람에 겨워하는 걸 보면 눈을 쉬이 뗄 수가 없다.

ㅂ. TV에 눈을 박고 연속극을 <u>보느라</u> 정신이 없다.

ㅅ. 20미터짜리 간판을 <u>거느라</u> 오후 내내 땀을 흘린 김판들 씨가 가게 로 돌아왔을 때….

ㅇ. <u>일하느라</u> 그가 오는 줄도 몰랐다.

ㅈ. 비를 <u>피하느라</u> 여기 서 있느냐?

(1ㄱ~ㅈ)에서 보면 비종결어미 「-었-」, 「-겠-」은 물론 「-리-」는 쓰일 수 없다. 의향법도 서술법과 의문법만이 쓰일 수 있다. 주어에 는 제한이 없다.

14. 「-느라고」

이것은 「-느라+고」로 된 것으로 볼 수 있으나, 예문을 보면 그렇 게 보기는 좀 힘들 것 같다.

(1) ㄱ. 들풀들이 여름을 <u>나느라고</u> 한창이다.

ㄴ. 그는 요즈음 공부<u>하느라고</u> 혼이 난다.

ㄷ. 낚시를 펴<u>느라고</u> 흘렸던 땀도 식고 깜박 졸음이라도 올 듯한 고요를 느낄 무렵이다.

ㄹ. 자<u>느라고</u> 비 오는 줄도 몰랐다.

ㅁ. 175마디나 되는 '웃음'의 전용 부사를 발견, 정리하<u>느라고</u> 일부러 소리 내어 웃기도 하는 등 정말 싱거운 일도 경험하였다.

ㅂ. 철수를 기다리<u>느라고</u> 여기 있느냐?

위에서 보면, 의향법은 서술법과 의문법만이 가능하고, 서술어로는 동사만이 가능하다. 비종결어미는 「-시-」만이 가능하며 주어 제약은 없는 듯하다.

15. 「-는바」

이 어미는 까닭을 나타내기도 하나, 또 설명, 서술을 나타내기도 하므로 여기에서 다루기로 하였다.

(1) ㄱ. 언어 민주주의는 정치·사회적 민주주의의 기초<u>인바</u> 공고기관이 이름을 영어로 사용하면서 어찌 주변 생활의 중심이 되겠다고 하는가?

ㄴ. 이는 영어 사대주의에서 비롯된 것<u>인바</u> 주민의 의식이 아직 성숙되지 않았다고 하여….

ㄷ. 그의 말을 들어 본<u>바</u> 사실과 틀림없었다.

ㄹ. 꽃이 아름다운<u>바</u> 다들 가지고 싶어한다.

ㅁ. 그는 노력하는<u>바</u> 별 성과가 없다.

이 어미는 모든 용언에 다 쓰일 수 있고 주어 제약은 없으나 의향법은 서술법과 의문법이 가능하고 비종결어미는 「-시-」는 가능한데, 「-었-」, 「-겠-」은 통계에 잘 나타나지 않았다.

(2) ㄱ. 핸드볼팀이 일본을 꺾었는바, 기쁘지 않느냐?
    ㄴ. 미국과의 경기에서 우리가 이기겠는바 기쁘지 아니하냐?

(2ㄱ~ㄴ)에서 보면 「-었-」, 「-겠-」이 가능함을 알 수 있다.

16. 「-니」
이 어미는 설명법 이외에 결과·이유·원인 등 다양하게 나타나나, 「-니까」와도 다른 일면이 있어서 설명법으로 다루기로 하였다

(1) ㄱ. 사정이 이렇다 보니 국민은 누가 대통령 후보가 될 것이며 그 사람이 앞으로 5년 동안 대한미국이라는 국가를 어떤 방향으로 어떻게 이끌고 나갈 것인지 도대체 알 길이 없다.
    ㄴ. 그러고 나니 복잡했던 사건이 해결되었을 때처럼 마음이 홀가분했다.
    ㄷ. 가도 가도 끝이 없어 바라보니, 망망대해뿐이라.
    ㄹ. 신발을 신고 관리함에 있어서도 허투루하는 법이 없었으니 어머니의 그러한 가르침이 알게 모르게 몸에 밴 것이 아닌가 한다.
    ㅁ. 봄볕을 보니 어딘가 가고 싶어 환장이 되더라.
    ㅂ. 원풀이를 하고 나니 세상에 부러워할 게 없지 뭐야.
    ㅅ. 나 또한 살아온 수 십 년을 한 장 한 장 넘기며 생각하니 받은 상처가 한두 번뿐이었을까?
    ㅇ. 졸장부인 내가 사업이니 정치니 하는 것은 넘볼 영역이 아니다.
    ㅈ. 2004년 총선을 치르고 보니 의석 9석으로 급전직하했다.

ㅊ. 캐낸 감자를 큼직한 광주리에 그득 담<u>으니</u> 보기만 해도 배가 부른 것이다.

ㅋ. 느리<u>니</u>, 게으르<u>니</u> 흉만 보지 말고 잘 타일러라.(타이르자.)

ㅌ. '센터'라는 영어가 안 통한다는 것이 곧 의식의 미성숙이라는 뜻이<u>니</u> 농촌 지역에서 생활하는 국민들을 깔보는 마음이 너무나도 분명하지 않은가?

ㅍ. 쥐새끼도 나름대로 원칙이 있는데, 사람이 예를 모르<u>다니</u> 사람이 예를 모르면 빨리 죽을수록 좋다는 말이다.

ㅎ. 집에 가<u>니</u> 아무도 없더라.

(1ㄱ~ㅎ)에서 보면 주어 제약, 서술어 제약, 의향법 제약은 없으나, 비종결어미는 「-었-」, 「-겠-」, 「-시-」는 가능하다.

(2) ㄱ. 내가 가겠<u>으니</u>, 자네는 집에 있게.

ㄴ. 비가 오<u>시니</u>, 마음이 푸근하다.

(2ㄴ)은 <u>까닭</u>으로도 볼 수 있다.

17. 「-는다면서」
이것은 「-는다+하면서」가 줄어서 된 것이다.

(1) ㄱ. 스인홍과 장레구이 같은 중국의 유력 논평가들은 북한이 핵 포기를 천명한 적이 없<u>다면서</u> 북핵을 비판하는 척하면서 핵의 존재를 기정사실화하고 있다.

ㄴ. 철수는 영희를 만<u>났다면서</u> 그 일에 관하여 자세히 말하였다.

ㄷ. 영희는 작다면서 그 옷을 입지 않았다.

ㄹ. 늦었다면서 그를 투덜대었다.

ㅁ. 그는 자기가 교수라면서, 제법 으시대었다.

ㅂ. 앞으로 2030년이 되면 여의도의 10배가 넘는 땅이 수몰되겠다면서 지구 온난화 문제에 대하여 심각하게 말하였다.

ㅅ. 대통령이 가신다면서, 경계를 엄중히 하라고 하였느냐?

ㅇ. 이것이 소중한 책이라면서, 잘 보관하도록 주의를 시켜라.

ㅈ. 교통질서를 꼭 지켜야 한다면서, 가두 캠페인을 벌이자.

ㅊ. 나는 이 일을 해야 한다면서도 시일만 보내고 있다.

위의 예를 보면, 주어 제약, 서술어 제약, 의향법 제약은 없으나 비종결어미는 「-리-」를 제외하고는 「-시-」, 「-었-」, 「-겠-」이 쓰일 수 있다. (1ㅊ)에서 보는 바대로 조사도 취할 수 있다.

18. 「-라」

이 어미는 서술, 명령, 원인, 근거 등의 뜻을 나타낸다.

(1) ㄱ. 북한 핵의 규모와 그 운반 수단인 미사일의 사거리로 보아 북핵은 애당초부터 대미용이 아니라 대남용이었다.

ㄴ. 칼날에 베이고 깎여나간 도마는 내가 아니라 남편이 아니었던가?

ㄷ. 평일이라 그런지 겨울 바다를 찾은 사람들이 생각보다 적다.

ㄹ. 이런 차이를 편의상 '낮추는 일본인', '튀는 한국인'이라 해 두자.

ㅁ. 처칠같이 고매한 인물들은 자신을 보다 나은 세상이나 망각으로 이끄는 죽음을 기꺼이 맞이하라 충고한다.

ㅂ. 햇살을 따라 내려온 빛은 땅에 닿자마자 달라진다.

ㅅ. 누가 나에게 여행을 한 마디로 표현해 보라 한다면 '첫사랑'이라 말할 것이다.

ㅇ. 들어온 말은 우리말이므로 써라 마라 할 까닭이 없다.

ㅈ. 그 장면을 찍으려는데 눈치를 모르는 할매라 그 좋은 장면을 놓치고 말았다.

「-라-」가 동사에 쓰이면 시킴이 되는 경우가 많다. 주로 「아니다」와 「이다」에 쓰인 예가 많이 나타났다. 형용사에 쓰이면 감탄의 뜻을 나타내는 경우가 많은 듯하다. 비종결어미는 같이 쓰일 수 없으며 서술어 제약은 없다. 또 주어 제약도 없다.

(2) ㄱ. 이 꽃이 아름다워라 하면서 나는 감탄하였다.

ㄴ. 이 아기는 참 예뻐라 하면서 영희는 어루만졌다.

ㄷ. 늦을라, 어서 가보자.

(2ㄱ~ㄴ)에서 보면, 형용사에 쓰이면 연결어미가 아니라 종결어미처럼 보인다. (2ㄷ)에서 보듯이 「-을라」가 되면 '염려'가 된다.

19. 「-면서도」
이것은 「면서서+도(조사)」로 된 것이다.

(1) ㄱ. 그는 이 문제를 알면서도 또 묻는다.

ㄴ. 그대는 착하면서도 예쁘기도 하다.

ㄷ. 그는 대통령이면서도, 자기 재산에 만족하지 못한다.

ㄹ. 아버지는 누워계시면서도, 책을 읽으신다.

이 어미에는 비종결어미 「-었-」, 「-겠-」, 「-리-」 등은 쓰일 수 없다. 「-면서도」는 거듭되는 일이나, 반대되는 내용을 그 뒤의 종결절에 요구하는 어미이다. 주어제약, 서술어제약은 없다. 의향법은 서술법과 의문법만이 쓰일 수 있다.

(2) ㄱ. 너는 일하<u>면서도</u>, 공부까지 하느냐?

ㄴ. 그대는 예쁘<u>면서도</u> 착하냐?

ㄷ. 너는 장관이<u>면서도</u>, 뭐가 부족함이 있느냐?

20. 「-(었)다고」

이것은 「-었다+고」로 된 것인데 「-고」는 인용조사가 아니고 어미이다.

(1) ㄱ. 그러나 버림받고 짓밟혔<u>다고</u> 해서 무조건 국민의 동정을 받으리라고 기대하는 건 어리석다.

ㄴ. 몇 번 마주쳤<u>다고</u> 만날 때마다 목례를 하거나 속빈 이야기를 나누며 이웃인 양하는 것도 비위에 안 맞고….

ㄷ. 고모는 마을에서 한참 떨어진 산등성이 반대편에 고추밭이 있<u>다고</u> 했다.

ㄹ. 초콜릿에 들어 있는 페닐아틸아민은 실연한 사람에게 알맞<u>다고</u> 한다.

ㅁ. 이전 정부가 남긴 부담 때문에 힘들었<u>다고</u> 주장하던 노정부가 또다시 다음 정부에 부담을 넘기려 하니 이 또한 염치없는 행동이다.

ㅂ. 남녀 혼탕이 있는 고세 갈 수도 있다는 얘기를 기입하지 않았<u>다고</u> 심하게 화를 내는 부류가 있는 반면 색다른 경험이 될 것이니 기어이 들어가 보고 말겠다는 측도 있어….

ㅅ. 고인은 매일 새벽 3시에 일어나 아침 준비를 <u>했었다고</u> 한다.

ㅇ. 아까 당시니 식탁에 앉아 굴비 구운 것이 너무 <u>탔다고</u> 말할 때 전화베리 울렸지요?

ㅈ. 아버님의 안부를 묻기에 지금 식사 중이<u>시다고</u> 일러 주며 시계를 보니 밤 7시였어요.

ㅊ. 나는 참 예쁘<u>다고</u> 과장스레 말했다.

ㅋ. 말로는 가장 가<u>깝다고</u> 하면서 양보보다는 사소한 것에도 반목하고 토라지고 함부로 말해 버리는 사이….

ㅌ. 그렇다고 둘 중 하나만 있어도 일을 함부로 할 수 없는데, 정부를 무력<u>하다고</u> 다그치는 것도 옳지 않다.

ㅍ. 너는 조금 안<u>다고</u> 설치지 말라.

ㅎ. 이 나이에 젊<u>다고</u> 장담할 수 있겠느냐?

ㄱ'. 일본말 식민지에게 해방된 지 몇 해나 <u>되었다고</u> 이제 제발로 걸어가 미국말 식민지가 되려 하는가?

ㄴ'. 우리도 이 경기에서 <u>이겼다고</u> 떠들어 대자.

위의 예에서 보면, 의향법 제약은 없으며 서술어 제약, 주어 제약도 없다. 그러나 비종결어미는 「-었-」, 「-시-」는 쓰이는데 「-겠-」이 동사에 쓰이면 의도를 나타내고 형용사나 지정사에 쓰이면 추량을 나타내며 「-리-」는 아예 쓰일 수 없다.

21. 「-었다는데」
이것은 「-었다+하는데」가 줄어서 된 것이다.

(1) ㄱ. 정보기관장이 돈보따리를 싸들고 <u>나섰다는데</u> 우리는 왜 이렇게 무

관심 속에 방치되는지 도통 이해할 수 없을 것이다.

ㄴ. 그는 시험을 잘 보았다는데 합격 여부에 관심이 쏠려 있다.

ㄷ. 그대는 착하다는데, 결혼하면 어떨까?

ㄹ. 이것이 보석이라는데, 믿을 수 없다.

ㅁ. 골동품이 굉장히 고가라는데 한번 감정하여 보자.(보아라.)

위의 예에서 보면, 주어 제약, 서술어 제약, 의향법 제약은 없는데, 비종결어미 주「-었-」,「-시-」는 쓰일 수 있다.「-겠-」이 동사에 오면 의도를 나타내고 형용사나 지정사에 오면 추측을 나타낸다.「-이다-」에 이 어미가 오면「-이라는데」가 된다.

22.「-(었)다니」
이것은「-(었)다+하니」가 줄어서 된 것이다.

(1) ㄱ. 이 집을 지은 지 십 년이 넘었다니 나무의 나이는 그보다 훨씬
더 많을 것이다.

ㄴ. 그가 착하다니 말도 안 된다.

ㄷ. 이것이 보물이라니 누가 믿겠는가?

ㄹ. 그가 벌써 구십이 넘었다니, 한번 알아보자.(보아라.)

ㅁ. 그가 미국에 간지가 벌써 십년이 되겠다니, 세월도 빠르구나.

ㅂ. 어른이 가신다니 잘 모시어라.

ㅅ. 이 애완동물을 죽여 버리다니 참으로 한심하다.

ㅇ. 게으른 미인 없다니 작은 눈으로 사는 수밖에 없으렸다.

ㅈ. 국어 관계 예산만 깎으려고 한다니 무엇이 잘못된 것은 아닐까?

ㅊ. 그는 기어코 간다니 보내 주어라.(주자.)

ㅋ. 그가 이것을 안<u>다니</u> 말도 안 된다.

ㅌ. 마른 나무에 꼬치 핀<u>다니</u> 거짓말 하지 말아.

ㅁ. 결국 그 가상한 뜻을 이루지 못하고 가<u>시다니</u> 애석한 일입니다.

ㅎ. 구경이 좋<u>다니</u>, 한번 가 보자.

ㄱ'. 그것을 보았<u>다니</u> 어디 자세히 말해 보아라.

ㄴ'. 그거 이 일을 하겠<u>다니</u> 시켜 보아라.

위에서 보면, 주어 제약, 서술어 제약 의향법 제약은 없는데, 비종 결어미는 「-리-」만 쓰일 수 없고 다 쓰인다.

23. 「-(았)는대서」

이것은 「-(았)는다+해서」가 줄어서 된 것이다.

(1) ㄱ. 일부의 인원이 여기 포구에서 서쪽 중국으로 귀환했<u>대서</u> 서귀포라
는 지명을 얻게 되었다고 한다.

ㄴ. 그대가 예뻤<u>대서</u> 이름이 '예쁜이'인가?

ㄷ. 그는 젊엇 자사였<u>대서</u> 지금도 장군이라 부른다.(부르자.)

ㄹ. 그대가 예쁘<u>대서</u> '예쁜이'라 불러라?

위에서 보면, 의향법은 서술법, 의문법, 권유법은 되는데, 명령형은 (2ㄱ)과 같은 문장에서는 가능하다. 서술어 제약은 없으나 비종 결어미 중 「-었-」, 「-겠-」, 「-시-」는 가능하다.

(2) ㄱ. 할아버지께서 가<u>신대서</u> 보내 드렸으니까. 잘 보살펴 드려라.

ㄴ. 철수가 그 일을 하<u>겠대서</u>, 그리 하도록 하였다.

24. 「-을작시면」

이것의 뜻은 '어떤 행도에 이르게 되면' 또는 '~작성하면' 등으로 이해된다. 따라서 의도를 나타내는 듯도 하다. 반드시 그렇지 않은 경우도 있어 설명법으로 다루기로 한 것이다.

(1) ㄱ. 그 말을 들을작시면, 참 기가 막히지요.
    ㄴ. 네가 갈작시면 어서 가거라.
    ㄷ. 이것을 먹을작시면 빨리 먹어라.
    ㄹ. 이것을 할작시면 하여도 좋다.
    ㅁ. 비가 올작시면, 작작 왔으면 좋겠다.

위에서 보아 알 수 있듯이, 의향법은 이 어미의 뜻으로 보아 서술법 명령형 등이 주로 많이 쓰이고 문맥에 따라 의문법·권유법도 쓰일 수 있다.

(2) ㄱ. 마음에 들작시면, 이것을 가지겠느냐?
    ㄴ. 갈작시면, 어서 가자.

그리고 비종결어미는 쓰일 수 없으며 서술어는 동사에 한한다.

25. 「-기로서니」

이 어미는 「-기로」의 힘준 말이다.

(1) ㄱ. 그런데도 노 정권은 내 쌈지 안의 것을 '코드'에 맞춰 인심쓰기로서니 무슨 시비냐 할 태도다.

ㄴ. 바둑을 한 판 <u>졌기로서니</u> 그리 화를 내느냐?

ㄷ. 네가 누구<u>기로서니</u> 그렇게 큰 소리를 치느냐?

ㄹ. 아무리 시고리<u>기로서니</u> 책방이 없겠나?

ㅁ. 그가 착하<u>기로서니</u> 놀려서 되겠느냐?

ㅂ. 내가 아무리 어리석<u>기로서니</u> 그렇게 말을 하여서 되겠느냐?

이 어미는 모든 용언에 다 쓰일 수 있고 의향법은 서술법과 의문법만이 가능하다. 비종결어미는 「-었-」, 「-시-」가 잘 쓰이고 주어제약은 없다.

26. 「-라며」

이 어미는 「-라＋하며」의 준 것이다. 그 뜻은 '-이라고 말하며'로 될 것이다. 이 어미가 형용사에 쓰이면 「-다며」로 되고 동사에 오면 「-는다며」로 된다.

(1) ㄱ. "2010년 정도면 지금 예측하기에는 힘들 정도의 급속한 변화가 일어날 것"이<u>라며</u> "디자인, 마케팅, 연구 개발 등 모든 분야에서 창조저긴 경영으로 변화에 대비해야 한다"고 말했다.

ㄴ. 엄마에게 갔더니 며칠 전에 산거<u>라며</u> 옷 자랑을 하신다.

ㄷ. 동교동 가신들이 비리 혐의로 차례로 구석될 때 정치 탄압이<u>라며</u> 펄펄 뛰고 국정원 도청 사건에 앞장서서 DJ 주변에 방어막을 치고….

ㄹ. 지금까지 지역에서 자체 편성한 다큐멘터리 가운데 최고 시청률이<u>라며</u> 이번 기획이 내용은 물론 방송 프로그램 질적인 면에서도 지상파 3사 프로그램에 결코 뒤지지 않는다고 평했다.

ㅁ. 본인은 "하늘이 두 쪽이 나도…"라며 부인하고 있다.

ㅂ. 그는 학교로 간다며, 일찍 집을 나갔다.

ㅅ. 이 꽃이 참으로 아름답다며 칭찬을 아끼지 않았다.

ㅇ. 이순신 장군은 해군사에 빛나는 인물이었다며, 그는 칭찬을 아끼지 않았다.

ㅈ. 이 논문은 훌륭한 업적이겠다며, 매우 칭찬하였다.

ㅊ. 나는 아버지는 훌륭한 인물이시라며 그에게 자랑하였다.

ㅋ. 내일은 비가 오리라며, 그는 예언을 하였다.

(1ㅇ~ㅊ)에서 보면 「-었-」과 「-겠-」 다음에 「-라며」가 오면 「-다며」가 되고 「-시-」 다음에 오면 「-라며-」가 그대로 쓰임을 알 수 있다. 주어 제약, 서술어 제약, 의향법 제약은 없으며 비종결어미 제약도 없다.

27. 「-노라고」

이 어미는 '단정'을 나타내는 뜻으로 이해된다. 이것은 「-노라+하고」의 준 것이다.

(1) ㄱ. 그녀를 만나 나도 그랬노라고 말하고 싶은 충동은 지금도 식지 않은 설렘으로 남아 있다.

ㄴ. 잘하노라고 한 일이 이렇게 되었느냐?

ㄷ. 잘못했노라고 빌어라.(빌자.)

ㄹ. 너는 그때 "잘 했노라고" 우겼다.

ㅁ. 나는 일찍 떠나겠노라고 말하였다.

이 어미는 주어 제약, 의향법 제약은 없으나 비종결어미는 「-었-」
과 「-겠-」만이 쓰인다. 그리고 이것은 동사에만 쓰인다.

27. 「-며-」

이 어미가 동사에 쓰이면 동시성을 나타낸다.

(1) ㄱ. 누추한 민가에서 병에 걸려 신음하며 죽음의 위협 속에 떨고 있을
　　　 젊은이들을 생각하면 가슴이 찢어진다.

　　ㄴ. 그 발자국 옆에 나란히 내 발자국을 찍으며 마음을 달래었다. 내
　　　 발자국 옆에는 비둘기가 제 발자국을 꾹꾹 찍으며 따라온다.

　　ㄷ. 나비가 날개를 파닥이며 올라왔듯이 그들도 아내를 찾아….

　　ㄹ. 베란다에서 서서 빈 나뭇가지를 바라보며 마시는 커피도 좋았고
　　　 잠 안 오는 밤 달빛을 받아 푸르게 빛나는 모습을 보며 듣는 노래
　　　 도 좋았다.

　　ㅁ. 지나가는 사람들도 나무를 보며 입맛을 다셨다.

　　ㅂ. 샘터 우물가엔 툭하면 몸보신족들이 들락거리며 개구리와 물고기
　　　 를 잡아갑니다.

　　ㅅ. 금세 줄행랑을 치며 달아납니다.

　　ㅇ. 마음 울적할 때면 저런 뭉게구름을 쳐다보며 가슴을 식히곤 했다.

　　ㅈ. 나는 그런 줄도 모른 체 그악스런 모기들과 싸우며 날이 밝을 때까
　　　 지 버텼다.

　　ㅊ. "나비야 나비야" 하며 불러대고 있다.

　　ㅋ. 엄마는 아픈 다리를 질질 끌며 베란다로 나가더니 나를 부르셨다.

　　ㅌ. 이 아름다운 길을 오가며 어머니는 운동이 되어 좋다고 하셨다.

　　ㅍ. "스레이몽이 성인이 될 때까지 매달 300 달러씩 지원하겠다"며

직접 후원 방법을 알려 달라고 요청했다.

ㅎ. 중국 역시 북한의 핵을 사실상 용인하며 미국과 헤게모니 싸움에
　 만 관심을 가지고 있다.

ㄱ'. 그는 여기서 공부도 하였으며, 고시도 보았다.

ㄴ'. 내일은 비가 오겠으며 눈도 오겠다.

ㄷ'. 선생님이 가시며 우리에게 "공부 잘 하라" 하셨다.

ㄹ'. 너는 공부도 하며 일도 하여라.

ㅁ'. 우리는 일하며 공부도 하자.

위의 예문을 보면, 주어 제약, 의향법 제약은 없으나 비종결어미
는 「-았-」, 「-시-」, 「-겠-」은 쓰일 수 있으나 「-리-」는 쓰일 수
없다.

28. 「~구나」

이 어미는 모든 용언이 서술어가 될 때, 다 쓰인다.

(1) ㄱ. 엄마 가슴에도 봄바람이 단단히 들었구나 싶었다.

ㄴ. 네가 그대와 연애를 하였구나 생각했다.

ㄷ. 나는 그가 잘 있구나 싶어 좋아하였다.

ㄹ. 나는 네가 그녀를 좋아하겠구나 싶어 안심하였다.

위의 예문에서 보면, 주어는 모두 1인칭임을 알 수 있다. 그리고
「-구나」 뒤에 오는 서술어는 '싶다', '생각하다', '하다' 등이 주류를
이루는데, 이들의 주어는 바로 1인칭이기 때문이다. 「-구나」 앞에
는 비종결어미 「-었-」, 「-겠-」 「-시-」가 올 수 있다. 서술어는 제

약이 없는 듯하다. 종결절의 의향법은 서술법이 주로 쓰이나, 혹 주어가 2인칭일 때는 명령형·의문법도 가능하다. 주어가 1인칭일 때는 권유법도 가능한 듯하다.

29. 「-는다더니/라더니」
이 어미는 「-는다＋하더니」, 「-라＋하더니」가 줄어서 된 것이다.

(1) ㄱ. 양파처럼 까면 나온다. "한번이라더니 헛방이다"라는 게 국민 지지율 60~70%의 두 사람이 벌이는 공방의 핵심이자 거의 전부다.
    ㄴ. 그는 우등생이라더니 아무것도 모른다.
    ㄷ. 이것이 보물이라더니 아무 가치도 없네그려.
    ㄹ. 눈을 감으면 천국의 언저리가 보인다더니 풀밭을 거닐다 돌아오면 천국 언저리가 가깝게 느껴진다.
    ㅁ. 간다더니 왜 왔느냐? 간다더니 왜 왔느냐?
    ㅂ. 여기가 좋다더니, 별로 마음에 들지 않네.

위에서 보면 주어는 2~3인칭에 한하며 서술어는 제약이 없고 의향법도 제약이 없는 듯하다. 비종결어미는 「-었-」, 「-겠-」,「-시-」가 쓰일 수 있다.

30. 「-더라고」
이것은 「-더라＋하고」가 줄어서 된 것이다. 여기의 「-고」를 인용조사가 아닌가 할 수도 있으나 그렇게 보는 것보다 어미로 보는 게 나을 것 같아 어미로 보았다.

(1) ㄱ. 말할 때, 입모양이 이상하게 되어 보기 <u>싫더라고</u> 하여 그 입모양을
　　　흉내까지 낸다.

　　ㄴ. 설악산이 아름답<u>더라고</u> 혀가 닳도록 말하였다.

　　ㄷ. 그는 천재<u>더라고</u> 철수가 말하였다.

　　ㄹ. 그 학교가 좋<u>더라고</u> 말하여라.(말하자, 말하였느냐?)

(1ㄱ~ㄹ)에서 보면, 주어는 3인칭일 때 가장 자연스럽고 1~2인칭일 때는 "나는 그것이 좋더라고 말하였다"에서처럼 밑줄부분과 같은 절이 들어가야 하는 일이 생긴다. 서술어는 제약이 없고 의향법도 제약이 없다. 비종결어미도 제약이 없으나 「-리-」는 쓰일 수 없다.

31. 「-더니」

이것은 「-라더니」, 「-더라고」와 마찬가지로 과거에 경험한 것을 돌이켜 말하여 설명하는 어미이다. 이는 문맥에 따라 원인, 근거, 대립관계 등 다양한 뜻을 나타낸다.

(1) ㄱ. 산길은 수년 전부터 잡초가 조금씩 막아서<u>더니</u> 이제는 청가시덩굴
　　　까지 가세했다.

　　ㄴ. 어제는 비가 <u>오더니</u> 오늘은 바람이 분다.

　　ㄷ. 그 후 나무는 연분홍 꽃망울을 터뜨리<u>더니</u> 열매를 맺기 시작했다.

　　ㄹ. 윤실무 대리가 서류철을 들고 와서 앞에 앉<u>더니</u> 몇 장을 넘기고
　　　펼쳐서 내밀었다.

　　ㅁ. 공부를 열심히 하<u>더니</u> 좋은 학교에 진학하였다.

　　ㅂ. 날씨가 무덥<u>더니</u> 비가 오는구나.

　　ㅅ. 가 <u>보았더니</u> 그 과일은 이미 다 팔리고 없었다.

ㅇ. 어머니는 너덜너덜해진 신발을 찬찬히 훔쳐보시더니 장광설을 늘어놓았다.

ㅈ. 좁쌀만한 알맹이가 맺힌 듯 살피더니 비 한번 올 때마다 알이 굵어졌다.

ㅊ. 젊어서는 이 돌을 들겠더니, 이제는 못 들겠다.

ㅋ. 공부를 하는 척하더니, 하지 않았느냐?

ㅌ. 공부를 한다더니 어서 하여라.

(1ㄱ~ㅌ)에서 보면 주어는 2~3인칭은 가능하나 1인칭은 불가능하다. 따라서 의향법도 권유법은 되지 않는다. 서술어는 제약 없이 쓰인다. 비종결어미는 「-리-」 이외는 다 가능하다.

32. 「-고라도」
이 어미는 예외·수행·처리·미흡 등 여러 가지 뜻을 나타낸다.

(1) ㄱ. 이러한 예는 내 아버지와의 관계가 아니고라도 세상 살아가는 길에 허다한 것 같다.

ㄴ. 우선 먹고라도 보자.

ㄷ. 먼저 저 놈의 기세를 꺾어 놓고라도 보아야 하지 않겠느냐?

ㄹ. 무엇보다도 예쁘고라도 보아야 하지 않겠느냐?

이 어미는 주어 제약은 없으며 의향법도 별 제약이 없는 듯하다. 비종결어미는 「-시-」만이 가능하다. 서술어 제약은 없다.

33. 「-고만」
이것은 문맥에 따라 지속·완료 등의 뜻을 나타낸다.

(1) ㄱ. 불도 붙이지 않고 물<u>고만</u> 있으나 안 피던 담배까지 손을 대는 것을
　　　보니 마음이 여간 어지러운 게 아닌가 보다.
　　ㄴ. 그는 왜 여기서 울<u>고만</u> 있을까?

이 어미는 「-고＋있다」 형식에서만 쓰이므로 진행 또는 지속을
나타낸다. 따라서 동사에만 쓰인다. 주어 제약, 의향법 제약은 없으
나 비종결어미는 쓰이지 못한다.

34. 「-고서/-고선」
이 어미는 동사에 쓰인다.

(1) ㄱ. 누구를 믿<u>고서</u> 여기에 왔나?
　　ㄴ. 그는 고생을 하<u>고서</u> 성공하였다.
　　ㄷ. 문을 열<u>고서</u> 이곳 경치를 구경하여라.(구경하자.)
　　ㄹ. 그는 자전거를 타<u>고서</u> 학교에 다닌다.
　　ㅁ. 새누리당은 이 사람들 마음을 얻지 않<u>고선</u> 대선 승리는 엄두도 낼
　　　수 없다.

이 어미는 주어 제약, 의향법 제약은 없으나 비종결어미는 제약
이 있다. 다만 「-시-」만은 쓰일 수 있다. 「-았-」과 「-겠-」이 쓰일
수 없는 까닭은 「-고서/고선」의 「-고서」가 완료의 뜻이 있기 때문
이고 「-리-」는 쓰일 수 없는데, 발음상 「-리고서」는 될 수 없기 때

문이다.

35. 「-고서야」
이는 「-고서」의 강조형이다.

(1) ㄱ. 빈속에 먹을 일주일 분의 항생제가 속을 뒤집어 놓<u>고서야</u> 기진맥
　　　진 상태에서 간신히 열이 내렸다.

　　ㄴ. 그는 한 잔 술을 마시<u>고서야</u> 피로가 풀린다 하였다.

　　ㄷ. 너는 이 일을 마치<u>고서야</u> 가겠느냐?

　　ㄹ. 모두들 하던 일을 마치<u>고서야</u> 가거라.(가자.)

이 어미 제약 현상은 앞 「-고서」의 경우와 같다.

36. 「-는다」
이 어미가 형용사에 오면 「-다」로 되고 지정사에 오면, 「-라」로
된다.

(1) ㄱ. 아무리 많은 사람이 <u>쓴다</u> 해도 들온말이라 할 수 없다.

　　ㄴ. 아무리 힘이 세<u>다</u> 해도 그것을 들 수 있겠느냐?

　　ㄷ. 이것이 돈이<u>라</u> 해도 개인이 가져가서는 안 된다.

이 어미는 비종결어미 중 「-시-」만 쓰일 수 있다.

37. 「-는다고도」
이 어미는 「-는다고+도」로 된 것이다.

(1) ㄱ. 그 개울물이 너무 차서 열매가 열리지 않<u>는다고도</u> 했고 모과나무
　　는 심은 사람이 죽어야만 열린다고도 했다.

　ㄴ. 우리는 장희빈을 예쁘<u>다고도</u> 하다가 밉다고도 한다.

　ㄷ. 그는 가겠다고도 하다가 안 가<u>겠다고도</u> 하여 믿을 수가 없다.

이 어미는 의향법 제약은 있으나 비종결어미는 「-었-」, 「-겠-」,
「-시-」가 쓰일 수 있다.

38. 「-다보면」

이 어미는 통계에 하나만 나타났으나 입말에서는 많이 쓰인다.
그런데 이것을 「-더＋보면」으로 보느냐 아니면 하나의 어미로 보
느냐 의문이나, 문맥에 따라서 보면 하나의 어미로 보는 것이 더
낫지 않을까 싶어 여기에서 다루기로 한 것이다.

(1) ㄱ. 죄도 기쁜 마음으로 사함 받<u>다보면</u> 즐겁기도 하겠지만 어디 그러
　　기야 했을까?

　ㄴ. 일을 하<u>다보면</u> 혹 잘못될 수도 있을 것이다.

　ㄷ. 착하<u>다보면</u>, 바보같을 때도 있다.

　ㄹ. 학생이<u>다보면</u>, 혹 실수할 수도 있겠지.

위의 예에서 보면 서술어 제약은 없으나, 의향법은 서술법만이
가능한 것 같고 비종결어미는 「-시-」만이 가능한 것 같다.

39. 「-을시」

이 어미는 확실성을 나타내는 설명어미이다.

(1) ㄱ. 그가 박군일씨 분명하다.

ㄴ. 그의 잘못이 아닐시 분명하다.

ㄷ. 영희는 예쁠시 분명하니, 잘 보고 빨리 약혼하여라.

ㄹ. 그가 박사일시 분명하나?

위의 보기에서 알 듯이, 이 어미는 지정사와 형용사에 쓰이나, 동사에는 잘 쓰이는 것 같지 아니하나, 쓰면 쓰일 수 있다. 즉 "그는 지금 공부할시 분명하다"에서와 같다. 의향법은 (1ㄷ)과 같은 짜임새의 문장에서는 명령형, 권유법이 다 가능하다.

40. 「-려더니」

이 어미는 「-려+하더니」가 줄어서 된 것인데 「이다」에 쓰이면 지정의 뜻으로 이해되나 동사와 형용사에 쓰이면 의지의 뜻으로 이해된다. 비종결어미는 「-시-」만이 가능하다. 이 어미는 문맥에 따라 예정·예측(추측) 등의 뜻을 나타낸다.

(1) ㄱ. 공부하려더니 지금껏 무엇하였느냐?

ㄴ. 비가 오려더니, 눈이 왔다.

ㄷ. 그는 미국에 가려더니, 아직까지 가지 않았느냐?

이 어미는 동사에만 쓰이며 비종결어미는 쓰이지 않는다. 의향법도 서술법과 의문법이 쓰인다.

41. 「-어지고」

이 어미는 동사·형용사에만 쓰인다.

(1) ㄱ. 이별의 아픔도 체험하면서 인생은 더 성숙해지고 커 가는 것이다.

ㄴ. 등산을 하면 마음도 넓어지고 몸도 튼튼해진다.

ㄷ. 열심히 하면 지위도 높아지고 대우도 좋아진다.

ㄹ. 너는 아름다워지고 싶지도 않느냐?

의향법은 서술법과 의문법이 주로 쓰인다.

42. 「-지도/지는/지만」

이 어미는 동사·형용사에 쓰인다.

(1) ㄱ. 너는 그래 놓고서 부끄럽지도 않느냐?

ㄴ. 그는 일을 잘 하지는 못하나, 양심적이다.

ㄷ. 너는 이것을 먹지만 말아라.

이 어미들은 풀이를 하면서 연결어를 만든다.

43. 「-을지나」

이 어미는 주로 동사, 형용사, 이다 등에 다 쓰이면서 「~ㄹ것이지마는」, 「-겠지마는」 등의 뜻을 나타내는데 그 뒤에는 대립적인 뜻이 온다.

(1) ㄱ. 그는 이 글을 읽을지나 뜻은 알 수 있을지 모르겠다.

ㄴ. 날씨는 밝을지나, 좀 추울지 모르겠다.

ㄷ. 그는 능력 있는 사람일지나 잘 알아볼지는 모르겠다.

ㄹ. 그곳에는 비가 왔을지나 풍년이 들었는지 모르겠다.

ㅁ. 할아버지가 가셨<u>을지나</u> 대접을 잘 했는지 궁금하다.

ㅂ. 나는 이곳에 머물<u>지나</u> 너는 어서 집으로 가거라.

위에서 보면 서술어에는 아무 제약이 없고 주어에도 제약이 없는 듯하나, 1~2인칭은 부드럽지 못한 느낌이 든다. 비종결어미는 「-었-」과 「-시-」만이 가능하다. 의향법은 서술법과 의문법, 명령형이 가능하다.

위의 문맥적 뜻으로 보면 「~할 것이지마는」 또는 「~할 것인데」로 이해된다. 그러므로 이 어미 뒤에는 앞 절과 반대되는 뜻의 내용이 온다.

44. 「-는지」

이 어미는 「이다」에는 쓰일 수 없는 듯하다. 만일 쓰이면 의문을 나타낸다.

(1) ㄱ. 그가 어찌나 지독<u>한지</u> 말도 못한다.

ㄴ. 그녀가 어떻게나 <u>고운지</u> 나는 반하고 말았다.

ㄷ. 영희가 어떻게 생활하는<u>지</u>, 잘 모르겠다.

ㄹ. 그가 너무 착<u>한지</u> 아이들이 서로 도와준다.

이 어미는 형용사에 쓰이면 설명이 되나 동사에 오면 설명이 안되고 의문이나 염려의 뜻을 나타내는 듯하다.

45. 「-거니와」

이 어미는 모든 용언에 다 쓰이며 주어 제약, 비종결어미 제약은 없다.

(1) ㄱ. 나는 잘 있<u>거니와</u>, 그는 어떻게 지내는지 궁금하다.

ㄴ. 그대는 얼굴이 예쁘<u>거니와</u>, 마음씨도 착하다.

ㄷ. 이것은 그가 보낸 선물이<u>거니와</u> 너무도 좋다.

46. 「-으려니와」

이 어미는 모든 용언에 다 쓰이며 의향법은 서술법, 의문법, 명령형이 가능하고 주어는 1인칭은 잘 쓰이지 않는 듯하다.

(1) ㄱ. 그는 잘 있<u>으려니와</u>, 요즈음은 소식이 전혀 없다.

ㄴ. 이 꽃이 향기로우<u>려니와</u> 아름답기도 대단하다.

ㄷ. 이것은 명저이<u>려니와</u> 가격은 참 싸다.

ㄹ. 아버지가 가시<u>려니와</u> 나도 같이 가겠다.

◆ 중단법

이에는 「-다가」, 「-다가는」, 「-다가도」의 어미가 있다. 이 어미는 동사와 형용사에만 쓰인다.

1. 「-다가」

이에는 비종결어미 「-시-」, 「-었-」만이 쓰이고 경우에 따라서는 「-가-」가 주는 일이 있다.

(1) ㄱ. 그러지 못하면 대선의 격랑 속에서 허둥<u>대다</u> 흔적조차 없이 사라

지기 십상이다.

ㄴ. 홀로 설 각오와 의지가 없다면 이용만 당하다 흔적도 없이 사라질
뿐이다.

ㄷ. 활기가 넘쳐나는 갈매기들을 보다가 비둘기들을 보니 초라하기 짝
이 없다.

ㄹ. 내가 저를 부러워하다가 떠나가는 것을 아는지 갈매기들이 더 큰
소리로 노래를 한다.

ㅁ. 나비가 날고 있다. 하늘로 솟았다가 땅위로 내려왔다가 하고 있다.

ㅂ. 그들의 모습이 봄 소풍을 왔다가 돌아가는 것 같다.

ㅅ. 나비도 하늘에 올라갔다가 땅위로 내려왔다가 하여 언제나 이곳에
서 날개를 흔들고 있을 거예요.

ㅇ. 히딩은 대통령직이 아무것도 아니니 걱정 말라는 말만 듣고 나섰
다가 정말로 대통령이 되고 말았다.

ㅈ. 옮겨올 만한 크기이면 실어다가 들꽃을 띄우거나 흙을 넣어 심고
싶었다.

ㅊ. 다다미 아래 콘크리트 바닥으로 들어갔다가 회의가 끝나고 30분
후에야 빠져나왔으니 어떤 수사관보다 수사 본부를 오래 지킨 셈
입니다.

ㅋ. 꽃을 꺾어다가 엄마에게 드렸다.

ㅌ. 그대는 기분이 좋았다가 나빴다.

(1ㅊ~ㅋ)까지를 보면 「-어다가」가 되면, 방법이나 수단을 나타내
므로 여기에서 다룰 것은 아니나, 「-다가」와 구별해야 함을 보이기
위하여 예시하였으니 오해 없기를 바란다.

2. 「-다가는」

이 어미는 「-다가+는(조사)」로 된 것이다.

(1) ㄱ. 그는 가다가는 다시 돌아왔다.

ㄴ. 등잔불이 환하다가는 그만 꺼져버렸다.

ㄷ. 나(너)는 가다가는 돌아보고 가다가는 돌아보며 걸어갔다.

ㄹ. 너는 그렇게 놀다가는 입시에서 낙방할 것이다.

ㅁ. 그 꽃은 향기롭다가는 곧 시들어 버렸다.(버렸느냐?)

ㅂ. 그것을 먹다가는 곧 버려라.(버리자.)

위의 예에서 보면 이 어미는 동사와 형용사에만 쓰임을 알 수 있다. 주어 제약은 없으나 의향법 제약도 없을 듯하다. 다만 비종결어미 「-었-」이면 뜻이 달라진다.

(2) ㄱ. 그는 거기에 갔다가는 곧 쫓겨났다.

ㄴ. 너는 이것을 먹었다가는 혼날 것이다.

ㄷ. 네가 이것을 먹겠다가는 혼이 날 것이다.

위의 (1ㄹ)과 여기의 예를 보면 뜻이 중단이 아니고 어떤 근거나 조건을 나타내는 듯이 느껴진다. 이와 같이 하나의 어미는 문맥에 따라, 또는 어떤 형태소와 같이 쓰이고 안 쓰임에 따라 여러 가지 뜻으로 이해되므로 연결어미의 분류에 어려움이 있음을 알아야 한다.

3. 「-다가도」

이 어미도 위에서와 같이 「-다가+도(조사)」가 합하여 된 것이다.

(1) ㄱ. 그는 밥을 먹<u>다가도</u> 좋은 생각이 떠오르면 곧 메모를 한다.

　　 ㄴ. 나(너)는 일을 하<u>다가도</u> 자주 책을 읽는다.

　　 ㄷ. 그녀는 기분이 좋<u>다가도</u> 화를 내는 버릇이 있다.

　　 ㄹ. 그는 방금 말을 했<u>다가도</u> 무슨 말을 했는지 잘 모른다.

　　 ㅁ. 밥을 먹었<u>다가도</u> 또 먹는다.

이 어미는 동사와 형용사에만 쓰이고, (1ㄹ~ㅁ)을 보면 비종결어미와 같이 쓰이고 의향법이 서술법이면 말이 자연스럽지 못하다. 그러므로 비종결어미와 같이 쓰일 수 없다는 결론이 나온다.

(2) ㄱ. 누구든지 밥을 먹<u>다가도</u> 좋은 생각이 떠오르면 곧 메모하여라.

　　 ㄴ. 놀러 가<u>다가도</u> 위험성이 있으면 곧 되돌아가자.

　　 ㄷ. 네가 국회의원에 출마하였<u>다가도</u> 당선 가능성이 없으면 사퇴할 자신이 있느냐?

(2ㄱ~ㄷ)에서 보면 의향법 제약은 없는 듯한데, (1ㄷ)에서 보듯이 비종결어미 「-었-」이 오고 의향법이 의문법이 되니까 말은 자연스럽다. 비종결어미의 사용여부가 좌우되는 듯하다.

◆ 지정법

이에는 「-라고」, 「-이라」, 「-라고만」, 「-라고도」 등이 있다. 「-라+고(인용조사)」로 볼 수도 있겠으나, 문장 전체로 볼 때, 따옴말로 보는 것보다는 연결어미로 보는 게 좋을 듯하여, 여기서 다루기로 한 것이다.

1. 「-라고」
지정사에 쓰이어 지정의 뜻을 나타낸다.

(1) ㄱ. 염치없기는 대안 세력이라고 주장하는 한나라당 사람들도 크게 다
르지 않다.
ㄴ. 부자들만이 누릴 수 있는 특권이라고 생각했었다.
ㄷ. 인간은 스스로를 '이성적 동물'이라고 자부하지만 인간의 감성활
동은 이성을 압도한다.
ㄹ. 잠든 뿌리를 봄비로 채우기에 봄(4월)을 잔인한 달이라고 읊었지
만….

위에서 보면 알겠지마는 통계에서 30개 예문 중에서 18개가 「이
다」에 쓰여 있다. 이런 일로 보면, 「-라고」는 「이다」에 많이 쓰이면
서 지정의 뜻을 나타내는 설명어미로 보암직하다. 「-라고」이므로
비종결어미는 「-었-」만이 쓰일 수 있다(1ㅁ 참조).

(1) ㅁ. 그것은 우리의 자리못이었다고, 솔직히 말하여라.(말하자.)

위에서 보면 「-었-」이 쓰이니까 「-이라고」는 「-이었다고」로 된
다. 주어 제약, 서술어 제약, 의향법 제약은 없다. 비종결어미는 「-
었-」이 쓰이고 있다.

2. 「-어서는/아서는-」
이것은 「-어서/아서+는(조사)-」으로 된 것인데, 「-는」 때문에 지
정의 뜻을 나타낸다.

(1) ㄱ. 그를 미워하여서는 아니 되니 사랑하여라.

ㄴ. 이미 정부 기관이 나름대로의 정책을 세우고 그것을 효율적으로 집행하기 위해서는 반드시 있어야 할 요소로서 한국어가 자리매김을 하게 되었다.

ㄷ. 목표에 맞지 않는 것은 모두 없애야 한다고 생각해서는 안 된다.

ㄹ. LA에 도착하여서는 모든 것을 잊고 일주일 간 완전 휴식 상태에서 하루하루 몸을 추스르자 건강은 회복되기 시작했다.

ㅁ. 우리는 이 말을 떠나서는 하루 한때라도 살 수가 없다.

ㅂ. 그를 보아서는 용서하고 싶지마는 그의 아버지 때문에 용서할 수 없다.

ㅅ. 그를 위해서는 후원금을 내자.(내어라.)(내겠느냐?)

(1ㄱ ㅅ)에서 보면 주어 제약, 의향법 제약은 없다. 주로 동사에 많이 쓰이나, 형용사·지정사에도 쓰일 수 있다. 비종결어미는 「-아서는」의 「-아/어」 때문에 「-었-」, 「-겠-」, 「-리-」는 쓰일 수 없으나, 「-시-」는 쓰일 수 있다.

3. 「-이라」

이것은 「-이다」에서 「다」가 「-라」로 바뀌면서 지정의 뜻을 나타낸다.

(1) ㄱ. 워낙 대세가 기운 시합이라 경선 후유증도 없었다.

ㄴ. 제아무리 강대국이라 할지라도 후진국으로 전락하고 만다.

ㄷ. 생활이 어려웠던 시절이라 옛날엔 새 신반 한 켤레를 얻어 신기가 여간 어려운 것이 아니었다.

ㄹ. 세월을 풍상이라 하지만 지금의 내 모습을 어찌 풍상 때문이라고
만 할 것인가?

ㅁ. 어쩌면 하늘에 높이 떠 있다 하여 문우들이 자화자찬하는 필명이
라 하지 않을까?

의향법은 서술법과 의문법이 주로 쓰이고 있다.

4. 「-라고만」

이것은 「-라고+만(조사)」으로 된 것인데, 통계에서는 「이다」의
경우만 나타났다. 의향법은 서술법과 의문법이 많이 쓰이나 명령형
과 권유법도 쓰일 수 있다.

(1) ㄱ. 지금의 내 모습을 어찌 풍상 때문이<u>라고만</u> 할 것인가?

　　ㄴ. 어찌 그 일을 내 탓이<u>라고만</u> 할 수 있겠느냐?

◆ 겸함법

이에는 「-으려니와」 하나가 있다. 이것은 「-으려+하니라」가 줄
어서 된 것이다. 이 어미는 설명법에 포함시킬 수 있으나 따로 독립
시켜 다루었다. 뜻이 하도 뚜렷하기 때문이다.

(1) ㄱ. 나는 나무도 심<u>으려니와</u> 풀도 베려고 한다.

　　ㄴ. 닭도 잡<u>으려니와</u> 돼지도 잡으련다.

　　ㄷ. 그는 일도 잘 <u>하려니와</u> 부모도 잘 모신다.

　　ㄹ. 이것도 빚이<u>려니와</u> 그것도 빚이 된다.

ㅁ. 그대는 얼굴도 고우<u>려니와</u> 마음씨도 곱다.(고우냐?)

ㅂ. 공부도 잘 하<u>려니와</u> 부모님도 잘 모셔라.(모시자.)

ㅅ. 그는 프랑스에도 갔<u>으려니와</u> 런던에도 가겠다.

ㅇ. 할아버지는 경주에도 가<u>시려니와</u> 서울에도 가실 것이다.

이 어미는 서술어 제약, 주어 제약, 의향법 제약은 없으나 비종결 어미는 「-었-」라 「-시-」만이 쓰일 수 있다.

◆습관법

이에는 「-곤-」 하나가 있다.

(1) ㄱ. 마하트마 간디는 스스로 떠맡은 임무를 완수하기 위해서 자신이 125살까지는 살아야 한다고 말하<u>곤</u> 했다 한다.

ㄴ. 개구리 소리가 들리다 그치고 그치다 또 들리<u>곤</u> 합니다.

ㄷ. 평소엔 무심코 지나치<u>곤</u> 했는데 언제부턴가 새로운 표지들로 바뀌었다.

ㄹ. 마음 울적할 때면 저런 뭉게구름을 쳐다보며 가슴을 식히<u>곤</u> 했다.

ㅁ. 트럭에 무·배추를 싣고 고인이 트럭 앞자리에 타고 집으로 돌아오<u>곤</u> 했다.

ㅂ. 내겐 기피 입력되어 있어 가끔 되살아나<u>곤</u> 하는데 풀밭을 거닐다 눈길을 들꽃에서 걷어 올리면 들꽃은 쫓아와 내 코에 꽃향기를 발라 준다.

ㅅ. 그 오빠를 볼 때면 배우처럼 잘 생겼다는 생각이 들<u>곤</u> 했다.

ㅇ. 그들을 감상할 때마다 내 마음은 한결같이 외롭고 쓸쓸하<u>곤</u> 하였다.

ㅈ. 창문에 이어 연보라색 방문에도 내 눈길이 머물곤 한다.

ㅊ. 목소리가 높아지고 난폭한 충돌이 일어나곤 했다.

이 어미는 동사에만 쓰이고 비종결어미는 「-시-」만이 쓰일 수 있다. 의향법은 서술법과 의문법만이 가능하다. 주어 제약은 없다.

◆ **명령법**

이에는 「-으라고」, 「-으라는데」, 「-으라면서/-으라며」, 「-라면」, 「-으라지」 등이 있다.

1. 「-으라고」

이 어미는 「-으라＋하고」가 줄어서 된 것으로 보아진다.

(2) ㄱ. 이것은 한국에 영토를 내놓으라고 하는 것과 같은 요구이며 남쪽 사회의 상징적 방북 네트워크를 무력화시키려는 기도임에 틀림없다.

ㄴ. 좋은 글 쓰라고 창쪽 의자를 내어 주는 친구의 배려까지 있었는데 미안하게도 또 한 줄의 글조차 쓰지를 못했다.

ㄷ. 아침 식전에 이 약을 먹으라고 하니, 안 먹을 수도 없고 고민이다.

ㄹ. 교수가 부르는 강의 내용을 받아쓰라고 하시니 여간 난감한 일이 아니다.

이 어미는 동사에만 쓰이고 비종결어미는 「-시-」만이 쓰이며 의향법은 제약이 있는 것 같지 아니하다. 주어는 제약이 없다.

(2) ㄱ. 내가 이것을 받으라고 하니까, 그는 잘 받아 놓았다.

　　ㄴ. 네가 가라고 하여서 그가 왔다더라.

　　ㄷ. 영희가 이것을 사 달라고 하여서 부득이 사 주었다.

2. 「-으라는데」

이 어미도 「-으라+하는데」가 줄어서 된 것이다.

(1) ㄱ. 눈을 상하좌우로 굴리라는데 귀찮기도 하려니와 그런다고 얼마나
　　　효과를 볼 것인지 믿음이 가지 않는다.

　　ㄴ. 술과 커피는 먹지 말라는데 먹지 않는다고 되지 않는 상황이 자주
　　　있다.

　　ㄷ. 선생님이 나는 가지 말라는데 나는 기어코 가고 말았다.

　　ㄹ. 내가 이것을 받으라는데, 네가 안받고 되나?

　　ㅁ. 네가 나보고 술을 마시라는데 내가 안 마시겠니?

이 어미도 동사에만 쓰이고 비종결어미는 「-시-」만 쓰인다. 의향
법도 별 제약이 있는 것 같지 아니하다.

(2) ㄱ. 할아버지가 가라 하시는데 같이 가자.

　　ㄴ. 선생님이 어서 가라 하시는데 어서 가거라.

위 (1ㄹ~ㅁ)과 (2ㄱ~ㄴ)에서 보면 의향법 제약은 없다.

3. 「-으라니」

이 어미 역시 「-으라+하니」가 줄어서 된 것이다.

(1) ㄱ. 가라니 갈 수밖에 없지.

　　ㄴ. 새벽에 일어나 먼 곳을 바라보라니 이건 영락없는 실연당한 여자
　　　 의 모습이 아니겠는가?

　　ㄷ. 할아버지가 이야기책을 읽으라시니 어서 읽어라.(읽자.)

　　ㄹ. 할아버지가 이 떡을 같이 먹으라시니 의좋게 나누어 먹자.

이 어미도 동사에만 쓰이는데, 주어 제약과 의향법 제약은 없다. 다만 비종결어미는 「-시-」만이 쓰이는데, 그럴 경우 (1ㄹ)에서 보는 바와 같이 「-으라시니」로 된다. 이것으로 보면 「-으라니」는 「-으라+하니」가 줄어서 된 것임을 알 수 있다.

4. 「-으라면서/으라며」

이 어미는 「-으라+하면서」, 「-으라+하며」가 줄어서 된 것이다.

(1) ㄱ. 영희는 철수를 오라면서 밖으로 나갔다.

　　ㄴ. 산천이 기막히게 아름다우니 당장 달려오라며 큰소리로 외쳤지요.

　　ㄷ. 할아버지는 나를 따라오라시며 시장 쪽으로 걸어가셨다.

　　ㄹ. 영희가 손짓하며 오라면서 강가로 걸어가니 같이 가 보자.(보아라.)

　　ㅁ. 외할머니가 내일 오라시면서 전화를 하셨으니, 외가에 가겠느냐?

이 어미도 동사에만 쓰이고 주어 제약과 의향법 제약은 없으나 비종결어미는 「-시-」만이 쓰인다. 「-으라면서」는 「-으라며」로도 쓰임은 앞에서 보인 바와 같다.

5. 「-으라지」
이것은 「-으라+하지」가 줄어서 된 것이다.

(1) ㄱ. 영수를 가라지 말고 그냥 있게 하여라.
ㄴ. 그에게 빚을 갚으라지 않아도 반드시 빚을 갚을 것이다.
ㄷ. 할아버지께 가시라지 않아도 반드시 그 모임에 가실 것이다.

이 어미는 「-라(명령)+지(부정)」으로 되어 있기 때문에 그 뒤에는 반드시 부정하는 낱말이 오게 되어 있다. 주어 제약, 의향법 제약은 없다. 비종결어미는 「-시-」만이 가능하다.

◆ 추정의문법

이에는 「-기야」, 「-(었)을까」, 「-었던가」, 「-으리라고」, 「-을까말까」, 「-을지」, 「-으련마는」, 「-는지」, 「-려니」, 「-을러니」, 「-으려는지」, 「-는지도」, 「-을는지」, 「-는가」, 「-을라」, 「-을세라」 등이 있다. 이들 어미는 문맥에 따라 작정(기정 사실), 의문, 추정, 기대, 확정, 의구심, 상황, 단정, 예정 다양하게 나타나나, 일일이 다룰 수 없어 여기에서 다루게 되니 이해하기 바란다.

1. 「-기야」
이 어미는 모든 용언에 다 쓰일 수 있다. 비종결어미는 「-었-」, 「-시-」가 쓰인다. 문맥으로 볼 때, 추정을 나타내는 듯하다.

(1) ㄱ. 죄도 기쁜 마음으로 사함 받다 보면 즐겁기도 하겠지만 어디 그러

기야 했을까?

ㄴ. 내가 그 일을 하기야 하겠지만 여간 어려운 일이 아니지.

ㄷ. 이게 보물이기야 하나, 어디 값이 나갈라고?

ㄹ. 그대가 착하기야 하지마는 인물이 별로라고 마음이 내켜지지 않는다.

ㅁ. 그가 돈을 훔쳤기야 했으랴마는 태도가 당당하지 못하다

ㅂ. 그 어른이 가시기야, 가시겠느냐마는 그래도 말씀은 드려 보아야 하지 않을까?

(1ㄱ)의 「-기야」는 기정사실을 나타내고 (1ㄴ)은 작정을, (1ㄷ~ㅁ)은 확정을 나타내나, (1ㅁ)은 추정 등을 나타낸다. 의향법은 서술법, 의문법이 쓰인다.

2. 「-(었)을까」

이 어미는 추정(추측)이나 의도를 나타낸다. 「의도」를 나타낼 때는 주어는 1인칭이고 그 뒤에 「-생각하다」, 「여기다」, 「하다」 등이 올 때이다.

(1) ㄱ. 혹여나 새가 살았을까 하는 마음에서였다.

ㄴ. 적이 쳐들어올까 염려되어 지키고 있다.

ㄷ. 이게 무엇일까 의아해 하면서 보자기를 풀어 보았다.

ㄹ. 그대가 혹 밉지나 않을까, 걱정이 되었다.

ㅁ. 열에 한번이나 낚일까 말까다.

ㅂ. 나는 이 책을 읽을까 생각하고 있다.

ㅅ. 너는 그가 책을 훔칠까 보아 걱정이 안 되느냐?

ㅇ. 어쩌면 21세기 대한민국에 남아 있는 유일한 간판이 아닐까 하는

생각을 불러일으키는 이름이었다.

ㅈ. 이 광경을 젊은이가 보았다면 어떤 느낌이 들었<u>을까</u> 상상해 본다.

ㅊ. 눈을 깜박이는 버릇이 생길까 두렵다. 나는 열심히 공부<u>할까</u> 생각한다.

혹 어떤 이는 이것을 종결어미라고 생각할 수도 있겠으나, 우리가 말을 할 때는 물론 문맥상으로 보면 연결어미로 보아야 할 것이다. 물론 문장 끝에 오면 종결어미임은 당연하다.

「-을까」가 그 뒤에 「보아」를 취하면 추측이 더 확실해진다(1ㅅ). (1ㅂ·ㅋ)은 의도를 나타낸다.

3. 「-었던가」

이 어미는 의문·추정 등의 뜻을 나타낸다.

(1) ㄱ. 눈을 작게 해 놓은 대신에 그 무엇을 주고 싶었던 게 없었<u>던가</u> 보다.

ㄴ. 철수는 영희를 만나러 갔다가 그녀가 집에 없었<u>던가</u> 다시 돌아왔다.

ㄷ. 어떤 외국인이 설악산을 보고 경치가 아름다웠<u>던가</u> 감탄을 하였다.

ㄹ. 그의 모습을 보니 관리에 한 자리 한 사람이었<u>던가</u> 싶었다.

ㅁ. 나는 그때 집에 없었<u>던가</u>, 기억이 잘 나지 않는다.

ㅂ. 너는 전세 돈이 없었<u>던가</u>, 점심을 먹고 호주머니에 손을 넣고 주저주저하더라.

이 어미는 서술어 제약, 주어 제약은 없으나 비종결어미는 「-었-」, 「-시-」만이 쓰인다. 의향법도 별 제약이 있는 것 같지 않다.

4. 「-으리라고」

이것은 어떤 가능성을 추정할 때 쓰인다. 그것은 「-으리」 때문이다.

(1) ㄱ. 기왕에 만들어진 어휘 의미망이 중요한 역할을 할 수 있<u>으리라고</u>
　　　기대하면서 다양한 응용분야에서 파생과 활용을 시도하고 있다.

　　ㄴ. 그는 돈이 많<u>으리라고</u> 모두가 생각하였다.

　　ㄷ. 그는 자기만 무사<u>하리라고</u> 믿고 있었다.

이 어미는 지정사에는 쓰이지 못한다. 주어는 제약이 없고 비종결 어미는 「-으리라고」 뒤에 쓰일 수 없다. 의향법은 의문법도 쓰인다.

(2) ㄱ. 나는 기일 안에 논문을 다 <u>쓰리라고</u> 믿고 있었다.

　　ㄴ. 너는 그가 <u>오리라고</u> 믿고 있었더냐?

5. 「-을까말까」

이 어미는 망설임·추정 등을 나타낸다.

(1) ㄱ. 나는 일이 잘 <u>될까말까</u> 하여서 무척 걱정하였다.

　　ㄴ. 그가 대학에 <u>합격할까말까</u> 걱정이 되어 견딜 수가 없다.

　　ㄷ. 나는 서울에 <u>갈까말까</u> 마음을 정하지 못하고 있다.

　　ㄹ. 무릎에 <u>닿을까말까</u> 하는 나무들이 빽빽이 들어서 있었다.

　　ㅁ. 그는 여기로 <u>올까말까</u> 생각 중에 있는 듯하더라.

　　ㅂ. 내일 비가 <u>올까말까</u> 알아보아라.

　　ㅅ. 너는 아들 학교에 <u>가볼까말까</u> 마음을 잡지 못하고 있느냐?

이 어미는 동사에만 쓰이고, 의향법은 서술법과 의문법만 가능하다. 비종결어미는 쓰이지 못한다. 주어 제약은 없다.

6. 「-을지」

이 어미는 본래 관형어미 「-을」과 의존명사 「지」가 합하여 된 것으로 문맥상 주로 추측을 나타낸다.

(1) ㄱ. 한국의 안보는 이제 어디서 어디로 어떻게 흘러갈지 그 배에 탄
　　　국민의 신세만 한탄스러울 뿐이다.

　　ㄴ. 과연 누가 여당 후보가 될 수 있을지조차 예측하기 어렵다.

　　ㄷ. 당 대회 때와 같이 대처하려 할지 모른다.

　　ㄹ. 야당 후보라는 권력으로 뭉개려 할지 모른다.

　　ㅁ. 그가 뭐라 말할지 궁금하다.

　　ㅂ. 나는 네가 이 문제를 해결할 수 있을지 궁금하다.

　　ㅅ. 너는 지금 어디로 가야 할지 모르고 있느냐?

　　ㅇ. 나는 오늘 갈지 내일 갈지 확실하지 않다.

　　ㅈ. 그의 부탁이 무엇일지는 만나 보아야 한다.

　　ㅊ. 그곳의 경치가 아름다울지 아닐지 궁금하다.

주어 제약, 서술어 제약, 의향법 제약은 없는 것 같고, 비종결어미는
「-었-」,「-시-」만이 쓰인다. 그리고 조사 「-는」, 「-도」 등이 쓰인다.

(2) ㄱ. 선생님이 오실지는 잘 모르겠다

　　ㄴ. 그가 미국에 갔을지 안 갔을지는 알 수가 없다.

　　ㄷ. 그 성공의 경험이 그의 발목에 잡을지도 모른다.

7. 「-으련마는」
어떤 경우에는 양보나 마땅함을 나타내는 일도 있다.

(1) ㄱ. 예만하면 나를 도우련마는 전혀 그런 기미가 보이지 않는다.
   ㄴ. 비가 오련마는 도모지 가물어서 곡식이 잘 되지 않는다.
   ㄷ. 그가 미국에서 왔으련마는, 아무 연락이 없다.(아무 연락도 없느냐?)
   ㄹ. 선생님이 가시련마는 일이 잘 해결될지 모르겠다.
   ㅁ. 거기는 경치도 좋으련마는 쉽사리 갈 수가 없다.

이 어미는 동사와 형용사에만 쓰인다. 비종결어미는 「-었-」과 「-시-」가 쓰이고, 의향법은 서술법과 의문법이 가능하고 혹 명령형과 권유법도 쓰인다. 이 어미는 문맥상 추정을 나타낸다.

(2) ㄱ. 그가 벌써 왔으련마는, 알아보아라.
   ㄴ. 돈이 되었으련마는 알아보자.

8. 「-(는)지」
이 어미는 보기에 따라서는 확정의 뜻으로 이해되기도 하나 문맥상으로 보면 추정의 뜻을 나타내는 듯하여 여기에서 다루기로 한 것이다.

(1) ㄱ. 마냥 편하지 않는 것이 여쭙지 않지만 그를 쓰고 있기 때문인지 싶다.
   ㄴ. 영호 자막 한 줄이 어쩐 일인지 내겐 깊이 입력되어 있어 가끔

되살아나곤 하는데….

ㄷ. 잡초들이 우거져 길인지 숲인지 분간이 어렵다.

ㄹ. 나는 얼굴이 말라서 걱정이지 살이 쪄서 걱정해 본 적이 없다.

ㅁ. 전쟁이 끝나면 돌아오겠지 하는 막연한 기다림이 세월이 흐르면서
희미해져 갔지만….

ㅂ. 누구나 쉽게 그 행복감을 누리고 있는 것 같지는 않다.

ㅅ. 앞에 사고가 났는지 차가 많이 밀린다.

ㅇ. 그는 무엇하러 왔는지 이리저리 다니다가 갔다.

ㅈ. 호수가 내 마음을 읽었는지 찰랑하며 호수 위에 바람의 무늬를 아
름답게 만들어준다.

ㅊ. 석양으로 기우는 나이 탓인지 많이 기울어진 것 같다.

ㅋ. 그들은 지금 어디서 무엇을 하고 사는지 더러 세상을 떠났는지도
모를 일이다.

위의 예에서 보면 주어 제약, 의향법 제약, 비종결어미 제약, 서술
어 제약은 없다.

9. 「-으려니」
이 어미는 모든 용언에 다 쓰이어 추측을 나타낸다.

(1) ㄱ. 낚시꾼으로서는 이것은 으레 그러려니 하는 일상적인 일이다.

ㄴ. 그는 잘 있으려니 생각하였더니 그렇지 않더군.

ㄷ. 그는 박사려니 하였더니 사실은 아니더구나.

ㄹ. 너는 그가 착하려니 생각하느냐?

ㅁ. 나는 이번 시험에 합격하려니 여겼더니 또 낙방이다.

ㅂ. 나는 그 어른이 이미 가셨으려니 생각하였더니 가시지 않았구나!

위에서 보면, 이 어미는 주어 제약, 의향법 제약은 없으나, 비종결어미는 「-리-」이외는 다 쓰인다.

10. 「-을러니」
이 어미는 모든 용언에 다 쓰인다.

(1) ㄱ. 이것이 너의 것이러니 하였더니 철수의 것이었다.

   ㄴ. 그의 약혼녀가 예쁠러니 여겼더니 별로 예쁘지 아니하였다.

   ㄷ. 내가 이번 시험에 합격할러니 생각하였더니 또 실패하였다.

   ㄹ. 네가 이번 시험에 합격할러니 생각하였더냐?

서술어와 주어에는 제약이 없으며 의향법도 제약이 없는 듯하다. 비종결어미는 「-었-」, 「-겠-」이 쓰일 듯하다.

11. 「-으려는지」
이 어미는 동사에 쓰인다. 본래 「-으려＋하는지」가 줄어서 되었기 때문이다.

(1) ㄱ. 무엇을 하려는지 그는 꽃을 많이 꺾어 갔다.

   ㄴ. 그는 언제 오려는지 아무 소식이 없다.

   ㄷ. 비가 오려는지, 날씨가 무겁다.

   ㄹ. 나는 언제 도미하려는지 일정을 잡지 못하고 있다.

주어 제약은 없으나 비종결어미는 「-었-」, 「-시-」가 쓰일 수 있다.

12. 「-는지도」

이 어미는 「-는+지(의존명사)+도(조사)」로 된 것으로 의문을 나타낸다.

(1) ㄱ. 대한민국의 시대는 저물고 있는지도 모른다.

　　ㄴ. 그 사람이 대한민국이라는 국가를 어떤 방향으로 어떻게 이끌고 나갈 것인지 도대체 알 길이 없다.

　　ㄷ. 평소에 신발을 끔찍이도 소중하게 여겼던 분이었기에 당연한 주문이었는지도 몰랐다.

　　ㄹ. 그저 모래사장에서 먹이를 찾느라 분주할 뿐, 다른 것에는 관심이 없어 보여 그렇게 느껴졌던지도 모른다.

　　ㅁ. 비둘기도 나처럼 겨울 바다가 보고 싶어 소풍을 왔는지도 모른다.

　　ㅂ. 하늘을 무서워하지도 바다를 두려워하지도 않는 갈매기들이 두렵다.

　　ㅅ. 현실적으로 가능하지도 않고 가능하더라도 얻는 건 적고 잃는 건 엄청나다.

　　ㅇ. 나는 빈센트가 지닌 그런 불굴의 의지와 광기 속의 천재성을 사랑하는지도 모른다.

(1ㄷ·ㅂ·ㅅ)의 「-는지도」는 의문으로는 보기 어렵고 인정 또는 부정으로 이해된다. 사실 「-는지」와 「-는지도」는 지정, 시인 또는 부정을 나타내나, 문맥으로 볼 때, 의문으로 느껴지므로 여기서 다루게 되었다. 이 어미는 의향법 제약과 서술어 제약이 없으며, 주어 제약도 없다. 비종결어미는 「-었-」과 「-겠-」, 「-던-」만이 가능하다.

(2) ㄱ. 불국사에 갔<u>는지도</u> 물어 보아라.

　　ㄴ. 경주에 가겠<u>는지도</u> 물어 보자.

　　ㄷ. 그곳 경치가 아름다운<u>지도</u> 알아보아라.(보자.)

　　ㄹ. 모래 날씨가 맑겠<u>는지도</u> 알아보아라.(보자.)

13.「-을는지」

이 어미는 모든 용언에 다 쓰일 수 있다.

(1) ㄱ. 그 일이 잘될<u>는지</u> 모르겠다.

　　ㄴ. 그가 서울 갈<u>는지</u> 물어 보아라.

　　ㄷ. 그 일에는 이것이 어떠할<u>는지</u> 잘 알아보자.

　　ㄹ. 이것이 혹 그가 말하는 그 물거니 아닐<u>는지</u> 그에게 물어 보아라.

　　ㅁ. 그가 올<u>는지</u> 안 올<u>는지</u> 알 수가 없다.

　　ㅂ. 비가 올는지 눈이 올는지 팔다리가 쑤시고 아프다.

　　ㅅ. 네가 그 일을 잘 해결할<u>는지</u> 궁금하다.

　　ㅇ. 내가 그 일을 잘할<u>는지</u> 나도 모르겠다.

　　ㅈ. 그 병원을 잘 찾을<u>는지</u> 물어보겠느냐?

　　ㅊ. 그가 잘 갔을<u>는지</u> 걱정이 된다.

(1ㄱ~ㅊ)까지를 보면 주어 제약, 의향법 제약이 없다. 다만 비종결어미는「-었-」,「-시-」만이 쓰인다.「-겠-」이 쓰일 수 없는 까닭은「-을는지」가 앞으로의 일에 대한 의문을 나타내기 때문이다. 그러나「-었-」다음에 올 때는 가능하며 그 뜻이 바뀌게 된다.

14. 「-는가」

이 어미는 모든 용언에 다 쓰인다.

(1) ㄱ. 살기에 편안한 집인가 집주인의 인상도 살펴보고 어디 손볼 데는
　　　없는가 꼼꼼히 살펴보는 것도 중요하였지만….

　　ㄴ. 정치를 하는 사람들에게서 염치를 기대한다는 것은 거의 불가능에
　　　가까운 일인가 보다.

　　ㄷ. 어제 여기는 비가 왔는데, 거기는 비가 왔는가 네가 물어 보겠느냐?

　　ㄹ. 그대는 마음씨가 곱던가 어떤가 알 수가 없다.

　　ㅁ. 너는 그곳에서 잘 지내는가 매일 염려가 된다.

　　ㅂ. 그는 어제 일을 잘 마쳤는가 물어보아라.(물어보자.)

　　ㅅ. 네가 이 큰일을 잘 처리해 내겠는가 나는 걱정스럽다.

　　ㅇ. 할아버지는 편안하신가 물어보아라.

(1ㄱ~ㅅ)까지를 보면, 의향법 제약, 주어 제약은 없으나, 비종결
어미는 「-었-」, 「-시-」, 「-겠-」 「-더-」가 쓰일 수 있으나 「-리-」
는 쓰일 수 없다. 「-리-」와 「-는가」의 「-는-」이 발음상 조화가 안
되기 때문인데, 여기에서 「-는가」는 입말투임을 알 수 있다. 「-리-」
는 어투이기 때문이다.

15. 「-을라」

이것은 염려를 나타낸다.

(1) ㄱ. 남이 볼라 숨어서 잘 가거라.

　　ㄴ. 뱀이라도 있을라 조심해서 가거라.

ㄷ. 아기가 다칠라, 장난감은 다른 고세 치워라.

ㄹ. 그가 올라, 빨리 청소를 하자.

이 어미는 동사에만 쓰이고 의향법은 명령형과 권유법만이 쓰인다. 주어 제약은 없으나 비종결어미는 「-었-」, 「-시-」만이 쓰인다.

(2) ㄱ. 아버지가 보실라 어서 치워라.

ㄴ. 소가 곡식을 먹었을라, 어서 가서 보아라.

ㄷ. 내가 잡힐라 어서 숨겨 다오.

ㄹ. 네가 감기에 걸릴라 옷을 따뜻하게 입어라.

16. 「-을세라」

이 어미도 염려를 나타낸다.

(1) ㄱ. 행여 들을세라, 조용조용히 말하였다.

ㄴ. 남이 들었을세라, 은근히 걱정이다.

ㄷ. 나는 학교에 늦을세라 달음박질을 쳤다.

ㄹ. 할아버지가 혹 오실세라 마중을 가거라.

이 어미는 동사·형용사에 쓰이면 자연스러우나, 지정사에 쓰이면 좀 이사하다. 비종결어미는 잘 쓰이지 않으나 굳이 쓴다면 「-었-」, 「-시-」만이 가능할 것 같다.

(1) ㅁ. 너는 내일 무엇을 하려는지 계획이 있느냐?

주어 제약은 없으나 의향법은 서술법, 의문법이 쓰이며, 경우에 따라서는 권유법, 명령형도 가능할 것 같다.

◆ 완료수식법

이 법은 완료를 나타내면서 다음말을 꾸미거나 또는 그냥 다음 말을 꾸미는 구실을 한다. 이에는 「-게」, 「-게까지」, 「-게끔」, 「-게도」, 「-게만」, 「-구려」, 「-어/러」, 「-리/이」, 「-스레」, 「-아서」, 「-애」, 「-어다」 등이 있다.

1. 「-게」, 「-게까지」

이 어미는 형용사 동사에 쓰이나, 요즈음은 「이다」에도 쓰는 일이 있다.

(1) ㄱ. 꽃나무가 잘 자라게, 거름을 준다.

ㄴ. 그는 얌전하게 앉아 있다.

ㄷ. 꽃이 아름답게 피었다.

ㄹ. 젊은 날 추억을 만드는 이벤트다. 쿨하게 초콜릿에 마음 담아 사랑을 표현하는 것이 젊은이들답지 않은가?

ㅁ. 다시 젊은 날로 되돌아가 멋지게 살고픈 생각을 한번쯤은 해본다.

ㅂ. 양말쯤은 가볍게 뚫고 내 속살로 대롱을 박아 넣었다.

ㅅ. 한국의 안보는 이제 어디서 어디로 어떻게 흘러갈지 그 배에 탄 국민의 신세만 한탄스러울 뿐이다.

ㅇ. 경선일이 다가올수록 '그때 그 장면'들이 비슷하게 반복되는 느낌이다.

ㅈ. 높고 험한 산 위에 어떻게 나비가 올라왔을까?

ㅊ. 그렇게 하면 신기하게도 귀에 유입된 물이 쏟아져 나왔다.

ㅋ. 그 사람이 대한민국이라는 국가를 어떤 방향으로 어떻게 이끌고 나갈 것인지 도대체 알 길이 없다.

ㅌ. 대선 후보 경선에서 치열하게 싸울수록 본선에 나서는 후보의 경쟁력이 강화된다.

ㅁ. 남은 인생 이렇게 살아간들 어떠리.

ㅎ. 우리 모두 즐겁게 사라가자.

ㄱ'. 너희들은 훌륭하게 되어라.

위에서 보면 서술어는 주로 형용사, 동사만이 통계에 나타났다. 주어 제약은 없고 의향법 제약도 없으나, 비종결어미는 쓰일 수 없다. 이「-게-」에는 여러 가지 조사가 쓰일 수 있는데, 통계에 나타난 것을 보면「-게까지-」,「-게는-」,「-게도-」,「-게만-」등이다. 예를 들어보겠다.

(2) ㄱ. 때로는 밤늦게까지 작업하여 하루에 한 점의 작품을 그리기도 했다.

ㄴ. 영어 강의의 무분별한 확대가 넓게는 한국 사회를 위해 좁게는 한국의 학문 수준을 위해 바람직하기만 한지 되돌아봐야 한다.

ㄷ. 아깝게도 그는 시험에서 떨어졌다.

ㄹ. 국제학부 교수인 후배에게 내 귀를 의심하게 했던 이 이야기를 전하자, 놀랍게도 그는 그럴 수 있다고 전한다.

ㅁ. 자신의 수명은 짧게만 느껴지지만 그 끝은 모두에게 공평하니 억울해할 것만은 아니다.

ㅂ. 그를 여기 있게만 하지 말고 가게 놓아 두어라.

이들 조사는 수식의 범위, 지정, 역시, 한정 등의 뜻을 더하여 준다.

2. 「-게끔」
이것은 「-게」의 강조어이다.

(1) ㄱ. 탈레반 포로도 풀어 주<u>게끔</u> 호소해야 한다.(하느냐?)

　　 ㄴ. 랑켈이 시야를 넓히<u>게끔</u> 그의 여행을 돕는 게 오히려 낫다.

　　 ㄷ. 방이 밝<u>게끔</u> 전등을 켜라.(켜자.)

이 어미는 지정사에는 쓰이지 못하며 비종결어미는 「-시-」만이 쓰일 수 있다. 주어 제약, 의향법 제약은 없다.

3. 「-구려-」
이 어미는 감탄을 나타내면서 다음 말을 꾸미는 특수한 구실을 한다.

(1) ㄱ. 그는 싸<u>구려</u> 장수이다.

　　 ㄴ. 너는 너무 싸<u>구려</u> 노릇을 하지 말아라.

이 어미는 위에서 보인 바와 같이 요즈음 특수하게 쓰인다. 주어 제약은 없으나 비종결어미는 쓰일 수 없으며 주로 형용사에 쓰인다. 의향법 제약은 없다.

4. 「-어/러-」
이 어미는 완료를 나타내면서 다음 말을 꾸미는 구실을 한다.

(1) ㄱ. 이따금 그곳에 들러 모과나무를 살펴보면 수피가 벗겨진 상처를
　　 새 살로 감싸며 낯선 땅에 뿌리를 내리어 몸살을 앓고 있었다.

　 ㄴ. 이 길로 돌아가거라

　 ㄷ. 창문을 열어 놓으니 시원하다.

　 ㄹ. 나는 물어물어 여기까지 왔다.

　 ㅁ. 나는 기억력이 쇠퇴하여, 언제가 그의 잔칫날인지도 모른다.

　 ㅂ. 너는 공부하여 무엇이 되겠느냐?

　 ㅅ. 그녀는 예뻐 죽겠다.

이 어미는 동사에 쓰이나 형용사에도 쓰이어 어떤 상태에 있음을
나타내기도 한다. 비종결어미는 「-시-」만이 쓰이고, 의향법은 제약
이 없으며 주어도 제약이 없다.

5. 「-리/이」

사전에서 보면 「달리」와 「빨리」를 부사로 다루어 놓았으나 그것
은 잘못이라고 생각한다. 왜냐하면 부사는 문장에서 빼어 버려도
문장이 성립되어야 하는데, 그렇게 되지 않기 때문이다. 「없이」 또
한 마찬가지이다.

(1) ㄱ. 이명박 후보가 치열한 검증 공세를 뚫고 경선을 통과하면 검증 없
　　 이 본선에 나서는 것보다 훨씬 강인하고 멋진 좋은 후보로 담금질
　　 될 것이다.

　 ㄴ. 남아 있는 학생들은 어쩔 수 없이 학교는 다니지만 학교 와서는
　　 잠만 잔다.

　 ㄷ. 스님들은 절대로 바뀌는 일이 없이 자기의 신발을 찾아 신는다는

것이었다.

    ㄹ. 이와는 달리 한국의 해방 후는 기본적으로 '코리안 드림'을 쫓는
       과정이었다.

    ㅁ. 다른 나라의 문자와는 달리 한글은 그 창제의 연대와 목적이 분명
       하다.

    ㅂ. 그 그를 그이보다 달리 해석하면 안 될까?

    ㅅ. 세월이 너무 빨리 지나간다.

어미「-리-」는 형용사 중 '르'변칙을 하는 것에 쓰이며「-이-」는
「없다」에 쓰이어 다음 말을 꾸미는 구실을 한다. 주어 제약, 의향법
제약은 없고, 비종결어미는 전혀 쓰일 수 없다. 다음 예를 보자.

(2) ㄱ. 나는 참 예쁘다고 과장스레 말했다.

    ㄴ. 며느리를 맞을 때에는 패물 대신 소액이 담긴 예금통장을 건네주
       며 "항상 남의 눈에 띄지 않도록 조심스레 행동하라"고 각별히 당
       부한 것으로도 유명하다.

    ㄷ. 앞으로 열심히 배우겠습니다 하고 겸연스레 웃음을 지어 보이는
       얼굴에서 근엄한 서기나 진장의 계급장은 간데없고….

위의 밑줄 친「-스레」는「-스러이」가 준 것이다.

6.「-아서」,「-어/아」

이 어미는 동사·형용사·지정사에 다 쓰이며, 완료·상태를 나타내
면서, 다음 구·절을 꾸민다.

(1) ㄱ. 중국의 역사 왜곡은 정부가 전면에 나<u>서서</u> 주도하는 상황이라 더욱 심각하다.

ㄴ. 산이 높이 솟<u>아서</u> 마을을 가리고 있다.

ㄷ. 길이 좁<u>아서</u> 차가 다녀 볼 수 없다.

ㄹ. 배가 출출해서 방문을 여니 집사람은 거실에서 TV에 눈을 박고 연속극을 보느라 정신이 없다.

ㅁ. 그 그림의 인쇄물도 구입<u>해서</u> 여러 점 갖게 되었다.

ㅂ. "I che liebe dich" 베토벤 작곡의 이 독창곡을 그대가 만일 연인을 위<u>해서</u> 부른다면 "그대 사랑하오"라고 말할 수 있을 것이다.

ㅅ. 뭉쳐진 찰밥을 우리가 번갈<u>아서</u> 메를 쳤다.

ㅇ. 메를 치는 사람도 둥그렇게 둘러<u>서서</u> 구경하는 사람도 관심거리는 오직 떡메 치기일 뿐이다.

ㅈ. 그것은 정치 담론을 온통 뒤흔들 만큼 위력적이<u>어서</u> 유전자의 관심도 메스컴의 초점도 몽땅 휩쓸 것이다.

ㅊ. 설레<u>어서</u> 행복하고 돌아앉아 추억 하면 미수가 번지는 첫사랑.

ㅋ. 이제는 부동산 차원을 넘<u>어서</u> 진실게임이 돼 버렸다.

ㅌ. 이 후보를 중심으로 단결<u>해서</u> 정권교체에 협력할 것을 다짐했다.

ㅍ. 신발을 신고 관저함에 있<u>어서</u>도 허투루하는 법이 없었으니…

ㅎ. 지배와 착취 억압하기 위<u>해서</u>가 아니다.

ㄱ'. 한시라도 가정을 벗어<u>나서</u>는 무엇 하나도 할 수 없는 가전의 텃새가 바로 나다.

ㄴ'. 나는 드러누워 책을 읽었다.

이 어미에는 조사 「도, 가, 는…」 등이 쓰일 수 있고, 비종결어미는 「-시-」만이 쓰이고 다른 제약은 없다.

7. 「-애-」

이것은 「몰래」를 제외하면 「하여」가 축약이 되어 「-애」로 되는 경우가 가장 많다.

(1) ㄱ. 그나마 인질들이 폭발물 전선 몇 가닥을 몰래 끊어 놓은 기지를 발휘해 인명 피해를 줄인 결과였다.

ㄴ. 나는 그 사람 몰래 도망을 쳤다.

ㄷ. 진짜 자기 하고 싶은 일에 도전해 스스로의 인적자원을 차별화하고 정기적으로 진면목을 어필하는 것이 점점 중요해 지고 있다.

ㄹ. 새로운 만남을 향해 떠나는 것이다.

ㅁ. 우리의 정체성은 필연적으로 타인과의 관계에 의해 결정된다.

ㅂ. DJ의 3남 홍업 씨에게 공천을 자진해 주어 원내에 진출할 수 있도록 했던 게 누구였던가? 그런데 '님'은 침묵이라도 지켜 달라는 민주당의 애원을 뿌리치고 등을 돌렸다.

(1ㄴ)에서 만일 '몰래'를 부사로 본다면 이것을 줄여도 문장이 되어야 하는데 그렇지 못하다. 다음 (2)를 본다.

(2) 나는 그 사람 도망을 쳤다.

(2)에서 '그 사람' 다음에 '몰래'를 빼어 버리니까 문장이 이상해 졌다. 만일 「몰래」가 부사라면 그것을 문장에서 빼어도 문장이 성립되어야 함은 당연하지 않은가? 그런데, 그렇지 아니하다. 고로 '몰래'는 부사로 볼 수 없다. (1ㄱ~ㄴ)을 제외하고는 다 「하여」가 부사라면 그것을 문장에서 빼내도 문장이 성립되어야 함은 당연하지 않

은가? 그런데 그렇지 아니하다. 고로 '몰래'는 부사로 볼 수 없다. (1ㄱ~ㄴ)을 제외하고는 다 「하여」가 줄어서 「해」가 된 것이다.

8. 「-어다」
이 어미는 동사에만 쓰인다.

(1). ㄱ. 저들은 이제 한국은 자기들에게 쌀이나 비료를 가져다 바치는 존재 정도로 여기는지 군사협상은 미국과 직접 하겠다며 미·북회담을 제의하고 나섰다.
　　ㄴ. 병원 의사 해서 돈 벌어다 종파에 심는 처지라고 하니 그 뜻도 가상하기가 이를 데 없다.

이 어미의 본래 형태는 「-어디가」인데 「-가」가 준 것이다. 비종결어미는 잘 쓰이지 않은 것 같고, 의향법은 제약이 없으며 주어도 제약이 없다.

◆ 경고법

이에는 「-다가는」이 있을 뿐이다. 이는 동사에 주로 쓰이고 형용사에도 가끔 쓰인다.

(1) ㄱ. 이것을 먹다가는 큰일 날 줄 알아라.
　　ㄴ. 그렇게 놀다가는 낙제할 것이다.
　　ㄷ. 그렇게 예뻤다가는 남에게 유혹당한다.
　　ㄹ. 그렇게 까불다가는 야단 맞는다.

ㅁ. 우물쭈물하<u>다가는</u> 큰일 납니다.

ㅂ. 여기 있<u>다가는</u> 난리를 만날 터이니 어서 피하여라.(피하자.)

ㅅ. 이대로 가<u>다가는</u> 연말 적자 규모가 220억~230억 달러에 이르러 일본을 재치고 세계 2위에 오를 기세라고 한다.

ㅇ. 공연히 어슬렁<u>대다가</u> 총 맞기 십상이다.

『우리말사전』에 따르면 「-다가는」은 「-다가」의 강조어라고 되어 있으나, (1ㄱ~ㅇ)까지를 보면 이음마디의 행위를 계속하면 종결절의 일을 당하게 되니 조심하라는 뜻으로 되어 있는 점이 중단법과는 다르다. 따라서 글쓴이는 이것을 '경고법'이라 하여 따로 세웠다.

◆ 반복법

이에는 「-락 -락」, 「-거니 -거니」, 「-다 -다」, 「-고 -고」, 「-으나 -으나」 등이 있다.

1. 「-락 -락」

이 어미는 동사와 형용사에만 쓰인다. 비종결어미는 쓰일 수 없다.

(1) ㄱ. 그는 정신이 오락가<u>락</u> 한다.

ㄴ. 잠은 자지 아니하고 왜 들락날<u>락</u> 하고 있느냐?

ㄷ. 소리가 들릴<u>락</u> 말락 하더니 갑자기 폭격기가 날아와 공습을 하였다.

ㄹ. 꽃이 <u>필락말락</u> 하더니 날씨가 따뜻하니까 이제사 피는구나.

ㅁ. 옷이 젖을<u>락</u> 말락 비가 내렸다.

ㅂ. 길이 녹을<u>락</u> 말락 매우 미끄럽다.

ㅅ. 낯이 붉<u>으락</u> 푸르락 안절부절 못한다.

주어 제약은 없으나 의향법, 서술법, 의문법이 가능하다.

2. 「-거니 -거니」
이 어미는 동사에만 쓰인다.

(1) ㄱ. 주<u>거니</u> 받<u>거니</u> 잘도 마신다.(마시자.)
　ㄴ. 주<u>거니</u> 받<u>거니</u> 잘도 마셔라.
　ㄷ. 앞서<u>거니</u> 뒷서<u>거니</u> 하는 모습 자체로 한 편의 동화다.

의향법 제약과 주어 제약은 없으나 비종결어미는 잘 쓰이지 못하
는 듯하다.

3. 「-다 -다」
이것은 동사에만 쓰인다.

(1) ㄱ. 우리는 <u>오다</u> <u>가다</u> 만났지요.
　ㄴ. 그는 자<u>다</u> 말<u>다</u> 하면서 밤을 세웠다.
　ㄷ. 그는 옷을 입었<u>다</u> 벗었<u>다</u> 하더니 끝내 아무거나 입고 나갔다.

4. 「-고 -고」
이 어미는 동사에 주로 쓰인다.

(1) ㄱ. 먹<u>고</u> 먹<u>고</u> 또 먹는구나.

ㄴ. 하늘을 나는 제비도 남북으로 오고 가고 아니합니까?

ㄷ. 묻고 묻고 또 묻네.

ㄹ. 읽고 쓰고 한다.

ㅁ. 듣고 보고 한 일이 너무나 많다.

ㅂ. 우리는 다같이 울고 웃고 하면서 시간을 보냈다.

5. 「-으나 -으나」

동사에 쓰여야 되풀이를 나타낸다.

(1) ㄱ. 앉으나 서나 당신 생각

ㄴ. 너는 오나 가나 말썽이다.

ㄷ. 자나 깨나 불조심(겨레 생각).

ㄹ. 밥을 먹으나 마나 하다.

「이다」나 형용사에 쓰이면 '가리지 않음'을 나타낸다.

◆ 첨가법

이에는 「~을 뿐(만)아니라」, 「-을뿐더러」, 「-라고도」, 「-는데다가」, 「-는데다」, 「-는가」, 「-려니와」, 「-고도」, 「-고서도」등의 어미가 있다. 이들 어미는 그 뒤의 종결절의 내용이 이에 상응한 것이와야 한다. 즉 이들 어미가 쓰인 이음마디의 내용에 더하여 종결절의 내용도 그러하기 때문에 첨가법이라 한 것이다.

1. 「-을 뿐 아니라」

이것을 하나씩 어미로 보기에는 좀 이른 감은 있으나 이것을 띄어서 「-을 뿐 아니다」로 써 봐도 뚜렷한, 별다른 뜻을 찾아내기가 어렵고 전체적으로는 무엇을 더함을 나타낼 뿐이다. 따라서 여기에서는 하나의 연결어미로 다루기로 한 것이다. 이 어미는 모든 용언에 다 쓰일 수 있고 주어 제약도 없다. 다만 종결절의 의향법에도 별 제약이 있는 것 같지 않다.

(1) ㄱ. 이런 광풍에 기름을 붓는 꼴일 뿐 아니라 국민들로 하여금 영어를 지나치게 수배하고 모국어를 무시하게 해 궁극적으로는 정체성 상실로 이끌 위험이 큰 도박이다.

　　ㄴ. 그는 빈센트 작품의 예술성을 내게 일깨워 주었을 뿐 아니라 '반고흐의 침실'을 소개해 주었던 사람이다.

　　ㄷ. 이 꽃은 아름다울 뿐 아니라, 향기도 아주 좋다.

　　ㄹ. 나는 매일 아침 일찍 일어날 뿐 아니라, 운동도 열심히 한다.

　　ㅁ. 너는 공부도 잘할 뿐 아니라, 운동도 아주 잘한다.

　　ㅂ. 우리는 학교만 청소할 뿐 아니라 우리 마을도 깨끗이 청소하자.(청소할까?)

　　ㅅ. 너는 운도도 잘할 뿐 아니라 공부도 잘하여라.

(1ㄱ~ㅅ)까지에서 보면, (1ㅅ)은 조금 생소한 느낌이 든다. 주어가 2인칭의 경우는 의향법이 의문법이나 명령형이 되면 조금 매끄럽지 못한 느낌이 든다.

2. 「-을 뿐만 아니라」

이것은 「-을+뿐+만+아니라」로 되어 보조조사 「-만」이 들어간 것이 앞의 것과 다를 뿐이나 그 용법은 앞의 것과 동일하다. 비종결어미 「-시-」, 「-었-」이 쓰인다.

(1) ㄱ. 그 후부터 나는 한 번도 신발을 잃어 본 적이 없을 뿐만 아니라, 신발을 신고 관리하메 있어서도 허투루하는 법이 없었으니, 어머니의 그러한 가르침이 알게 모르게 몸에 밴 것이 아닌가 싶다.

ㄴ. 어린이 책을 맘껏 구경하고 싸게 구입할 수 있을 뿐만 아니라 출판사 내부에 들어가 책이 만들어지는 과정을 견학할 수 있다고 한다.

ㄷ. 그는 하루도 쉬지 않고 열심히 일하였을 뿐만 아니라, 밤에는 주경야독으로 야간대학에서 공부도 착실히 하였다.

ㄹ. 그대는 얼굴도 예쁠 뿐만 아니라, 마음씨도 착하여 좋은 가정으로 시집을 갔다.

ㅁ. 철수는 장래가 촉망되는 청년일 뿐만 아니라, 신랑으로도 나무랄 데가 없다.

ㅂ. 너는 공부도 할 뿐만 아니라, 일도 열심히 하여라.

ㅅ. 우리는 입시준비를 열심히 할 뿐만 아니라, 체력검사에도 충분히 대비하자.

3. 「-을뿐더러」

이 어미는 모든 용언에 쓰일 수 있으며, 주어 제약은 없고 의향법에도 제약이 없는 듯이 보인다.

(1) ㄱ. 그는 공부도 잘할뿐더러, 운동도 잘한다.

ㄴ. 너는 일도 잘할뿐더러, 공부도 잘하여라.

ㄷ. 너는 영어도 잘할뿐더러, 일본어도 잘 하느냐?

ㄹ. 우리는 유럽에도 가볼뿐더러, 미국에도 가 보자.

ㅁ. 그는 착할뿐더러, 공부도 잘한다.

ㅂ. 그는 교수일뿐더러, 노벨상을 탄 세계적인 석학이다.

(1ㅂ)은 형용사에 「-을뿐더러」가 쓰인 보기요, (1ㅅ)은 「이다」에 쓰인 보기이다. (1ㄱ·ㄴ·ㅂ·ㅅ)의 주어는 3인칭이요, (1ㄷ~ㄹ)의 주어는 2인칭이며 (1ㅁ)의 주어는 1인칭이다.

4. 「-(이)라고도」

이 어미는 「이다」에만 쓰인다.

(1) ㄱ. 지금 대종원이라고도 칭하는 천진교는 동학의 뿌리에서 갈라져 나온 단체이다.

ㄴ. 그를 명인이라고도 하나 실은 그렇지 못하다.

ㄷ. 그의 호를 '억세', '만세'라고도 하나 실은 '돌세'이다.

ㄹ. 그를 천재라고도 하나 사실은 노력가이다.

ㅁ. 너를 자린고비라고도 하는데 사실이냐?

ㅂ. 우리는 그를 민족의 지도자라고도 부른다.

ㅅ. 나는 너를 진실한 이웃이라고도 보고 있다.

ㅇ. 너는 영희를 훌륭한 나이팅게일이라고도 불러라.

(1ㄱ~ㅇ)까지에서 보면 「-라고도」로 이어지는 마디의 주어에는 아무 제약이 없으며, 종결절의 의향법에도 별 제약이 있는 것 같지

않다.

5. 「-는데다」, 「-는데다가」

이들 어미는 「-는데＋다」 또는 「-는데＋다가」로 「-다」 또는 「-다가」가 첨가되어 이루어진 것인데, 여기 「-다」와 「다가」가 첨가의 뜻을 나타내므로 전체적으로 첨가의 뜻을 나타내게 된 것이다.

(1) ㄱ. 인질 위치에 대한 정확한 정보도 없는데다 민가 여러 곳에 분산 수용돼 있어 동시에 다발적 타격도 어렵다.

ㄴ. 한글은 이조 때 천대를 받은데다가 일제 때 일본말에 짓눌려 많은, 아름다운 우리말이 죽어 없어졌다.

ㄷ. 일제는 우리나라를 식민지화 한데다가 만주 중국까지 넘보다가 그만 이차대전에서 패망하고 말았다.

ㄹ. 나는 청렴하게 살아 돈이 없는데다 집까지 변변한 것을 갖지 못했다.

ㅁ. 너는 돈도 없는데다가 집까지 변변한 게 없느냐?

ㅂ. 우리는 나라를 위하여 몸바친데다가 세계 인류를 위해 몸바치자.

ㅅ. 여러분은 지금까지 공부한데다가 더하여 유명한 발명가가 되도록 노력하시오.

ㅇ. 이곳은 공기도 맑은데다가, 환경이 좋아 수양하기에 아주 좋은 곳이다.

ㅈ. 그대는 미인인데다가, 노래도 잘 하는 명창이기도 하다.

(1ㄱ~ㅈ)까지에서 보면 주어 제약과 종결절의 의향법에도 아무 제약이 없음을 알 수 있다. 그리고 서술어 제약도 없다.

6. 「-는가」

이 어미는 그 뒤에 「하면」이 옴으로써 첨가의 뜻을 나타낸다. 서술어 제약은 없고 주어 제약도 없는데, 종결절의 의향법은 서술법과 의문법만 가능한 듯하다.

(1) ㄱ. 한자말은 비록 우리말이 아니나, 우리말이라 불릴 자격이 있다고 하는가 하면 우리말도 한자를 섞어 써야 한다고 주장하는 이가 있다.

ㄴ. 그는 돈이 많은가 하면 벼슬도 많이 하였다.

ㄷ. 세상 걱정 혼자 다 짊어질 듯 유난을 떠는가 하면 술 한 잔에 노래도 춤도 멋지게 잘 추는 이 시대 둘째가라면 서러워할 낭만파였지요.

이 어미가 그 뒤에 「하면」을 취하지 않고 의존서술어가 오면 설명·추정·의문 등의 뜻을 나타낸다.

(1) ㄹ. 그는 노래도 잘 하는가 싶으며 춤도 잘 춘다.

이 어미는 그 앞에 비종결어미는 잘 취하지 아니한다.

7. 「-고도」

이 어미는 동사와 형용사에 쓰이는 것 같다. 통계에는 지정사의 예는 나타나지 않기 때문이다.

(1) ㄱ. 이 봄이 엄마가 당면한 유일하고도 절대적인 현실이자 모든 것이다.

ㄴ. 엄마에게 이 봄은 얼마나 더 간절하고도 생기 있게 다가올까?

ㄷ. 노무현 정부도 포퓰리즘 정책들을 내놓고도 부끄러운 줄 모르고

있다.

ㄹ. 쌍꺼풀 수술을 하는 사람들을 이제는 이해하<u>고도</u> 남을 것 같은 오늘의 내 심정이다.

ㅁ. 당시 교황에게 이 슬프<u>고도</u> 감동적인 사랑 얘기가 전해졌고 밸런타인은 여인들의 수호성인으로 시성되었으며 교황 셀라시우스는 2월 14일 밸런타인데이로 공식 지정되었다

ㅂ. 그는 방금 밥을 먹<u>고도</u> 또 먹는다.

ㅅ. 금강산은 아름답<u>고도</u> 아름답다.

이 어미는 '불구'의 뜻으로도 쓰이나 첨가의 뜻으로 많이 쓰이는 것 같아서 여기에서 다루었다.

(2) ㄱ. 그는 밥을 먹<u>고도</u> 배가 고프다고 한다.

ㄴ. 사람들은 후보를 뽑아 놓<u>고도</u> 불안하다.

ㄷ. 그 자리에서 계약을 하<u>고도</u> 한참을 떠나지 못했다.

ㄹ. 그는 꾸지람을 듣<u>고서도</u> 또 장난을 친다.

앞의 「-고도」는 주어는 1·2·3인칭이 다 될 수 있다. 의향법 제약은 없다. 비종결어미는 「-시-」만 쓰이고 「-었-」과 「-겠-」은 쓰일 수 없다. 「-고-」가 때매김으로 과거를 나타내기 때문이다. 「-고서도」는 주어 제약은 없는 듯하고 의향법 제약도 없다 비종결어미는 「-시-」만이 쓰인다.

(2ㄱ~ㄹ)은 불구의 뜻으로 이해된다. 이와 같이 연결어미는 한 가지가 문맥에 따라 몇 가지의 뜻으로 이해되는 경우가 많다.

8. 「-고서도」

이 어미는 동사에만 쓰인다. 그것은 「-고서도」의 「-서-」 때문이다.

(1) ㄱ. 그는 밥을 먹<u>고서도</u> 또 먹는다.

　　ㄴ. 그는 이 이를 하<u>고서도</u> 또 다른 일을 한다.

◆ 더해감법

이에는 「-을수록」이 있다. 이 어미는 우리말본에서 '더해감꼴'이라 하여 독립시켜 다루었는데, 글쓴이도 이에 따라 다루기로 하였다.

9. 「-을수록」

이 어미는 어떤 동작이나 상태가 점점 더해감을 나타낸다. 그러나 어떤 한계점에는 도달하지 못함을 나타내기도 한다. 비종결어미는 「-시-」만이 올 수 있다.

(1) ㄱ. 아버지는 연세를 잡수실<u>수록</u> 기력이 점점 더 좋아지신다.

　　ㄴ. 금강산은 볼<u>수록</u> 더 아름답다.(아름다우냐?)

　　ㄷ. 너는 그대가 예쁠<u>수록</u> 더 사랑하여라.

　　ㄹ. 술은 마실<u>수록</u> 그 맛이 더해간다.

　　ㅁ. 잠은 잘<u>수록</u> 점점 더 늘어난다.

　　ㅂ. 학창시절에 나쁜 짓을 많이 하는 학생일<u>수록</u> 사회에 나가서도 나쁜 짓을 많이 한다.

　　ㅅ. 공부는 할<u>수록</u> 점점 더 재미가 있는 법이다.

이 어미가 오는 마디의 주어와 종결절의 의향법에는 제약이 없고 서술어에도 제약이 없다.

◆ 미침법

이에는 「-도록」 하나가 있다.

1. 「-도록」

이 어미는 동사와 형용사에만 쓰이고, 비종결어미는 「-시-」만이 쓰인다.

서술어와 의향법에도 제약이 없다. 이 어미는 어떤 한계점에 도달하도록 하는 뜻이 있기 때문에 거기에는 도달하지 못함을 나타낸다.

(1) ㄱ. 동해물과 백두산이 마르고 닳도록 하느님이 보우하사 우리나라 만세.

ㄴ. 나는 그에게 그런 짓을 하지 말라고 목이 터지도록 타일렀다.

ㄷ. 그 어른이 잘 가시도록 안내하여 드려라.(드리자.)

ㄹ. 할아버지가 잘 계시도록 하여 드렸느냐?

ㅁ. 네가 예쁘도록 화장을 잘하여라.

ㅂ. 아버지는 아들에게 공부 잘하라고 혀가 닳도록 당부하셨다.

(1ㅁ)은 형용사에 쓰인 보기인데, 사실 이 어미는 동작성을 띠고 있으므로, 형용사에 쓰이니까 좀 이상한 느낌이 드는데, 실제 상황에서 쓰이고 있는지 의문이다.

◆ 연발법

이 어미에는 「-자」, 「-자마자」가 있다.

1. 「-자」
이 어미는 모든 서술어에 다 쓰인다. 의향법은 서술법과 의문법
만이 될 수 있다.

(1) ㄱ. 까마귀 날자 배 떨어지기.
 ㄴ. 비가 그치자 날씨가 추워진다.
 ㄷ. 날씨가 무덥자 소나기가 오기 시작하였다.
 ㄹ. 날이 밝자 그들은 여관을 떠나갔다.
 ㅁ. 오늘은 청명이자, 한식이다.
 ㅂ. 오늘은 청명이자, 한식이냐?

(1ㅁ~ㅂ)은 '이다'에 「-자」가 온 보기인데, 의문법은 이 경우가
가장 자연스럽다. 그리고 「이다」에 「-자」가 오니까, 그 뜻은 동시성
을 나타낸다. 즉 연발법은 동시성의 뜻을 나타내기 때문에 그렇게
이름을 붙인 것이다. 주어 제약은 없고 비종결어미는 「-시-」만이
쓰일 수 있다.

(2) ㄱ. 아버지가 방에 들어가시자, 모두 일어섰다.
 ㄴ. 할아버지가 말씀하시자 모두가 그 말씀에 따르겠다고 하였다.

2. 「-자마자」

이 어미가 오는 마디의 주어에는 제약이 없고 종결절의 의향법 역시 제약이 없다. 비종결어미는 「-시-」만이 쓰일 수 있다.

(1) ㄱ. 그가 오자마자 아이들이 모여들었다.
ㄴ. 네가 가자마자 비가 오기 시작하였다.
ㄷ. 내가 교실에 들어서자마자 학생들이 환호성을 올렸다.
ㄹ. 할아버지가 오시자마자 손자, 손녀들이 모여들었다.
ㅁ. 수업이 끝나마자마자 어서 집으로 가거라.(가자.)
ㅂ. 일이 끝나자마자 곧 집으로 가겠느냐?

이 어미가 오면 형용사나 지정사는 쓰일 수 없다. 왜냐하면 이 어미는 동작성이 너무도 뚜렷하기 때문이다.

◆ 조건법

이에는 「-거들랑」, 「-되」, 「-려거든」, 「-거든」, 「-을진대」, 「-어서는」, 「-어야」, 「-어야지/아야지」, 「-어야지만/아야지만」 등이 있는데, 이들 주 꼭 집어서 조건으로 보기 어려운 것이 있으나 문맥에 따라서는 조건으로 볼 수도 있어서 여기에서 다루기로 한 것이다.

1. 「-거들랑」

이 어미는 문맥에 따라 가정을 나타내기도 하나 조건으로 쓰이는 경우가 많은 듯하여 여기에서 다루기로 한 것이다.

(1) ㄱ. 그가 공부를 하<u>거들랑</u> 심부름은 시키지 말라.(말자.)

ㄴ. 네가 고향에 가<u>거들랑</u> 나의 부모님께 안부 전하여 다오.

ㄷ. 정신이 있<u>거들랑</u> 다시 생각하여 보아라.

ㄹ. 그대가 착하<u>거들랑</u> 결혼하여도 좋다.

ㅁ. 이게 좋은 책이<u>거들랑</u> 사도 좋다.

ㅂ. 가<u>거들랑</u> 함께 옵소예.

ㅅ. 돈이 되<u>거들랑</u> 좀 가지고 오겠느냐?

ㅇ. 내가 가<u>거들랑</u> 함께 그를 도와주마.

(1ㄱ~ㅇ)까지를 분석하여 보면, (1ㄴ~ㄹ)은 조건으로 보아지나 나머지는 가정으로 보이나 반드시 그렇지 아니하다. 조건이란 앞마디가 전제가 되면 뒷마디가 그에 상응한 내용이 되어야 하는 것이다. 따라서 (1ㄱ~ㅇ)까지의 「-거들랑」은 주어·서술어·의향법 등에 아무 제약이 없으나, 비종결어미는 「-었-」, 「-겠-」만이 쓰일 수 있다.

(2) ㄱ. 그가 일을 마쳤<u>거들랑</u>, 쉬게 하여라.

ㄴ. 비가 오겠<u>거들랑</u>, 오지 말고 집에 있거라.

2. 「-되」

이 어미가 조건을 나타낼 때는 주로 동사에 쓰일 때이나 형용사나 지정사에 쓰일 때는 대립적인 사실을 나타내게 된다.

(1) ㄱ. 너는 여기에 있<u>되</u> 저 놈을 잘 감시하여라.

ㄴ. 도전과 활력을 중시하<u>되</u>, 기존의 틀은 바꿔야 한다는 얘기다.

ㄷ. 아버지는 철석같은 의지의 대상이기는 하<u>되</u>, 아울러 극복해야 할

대상이라는 아들 말에는 짐짓 주춤거리지 않을 수 없었다.

ㄹ. 말을 하<u>되</u> 조리 있게 차근차근 말하여라.

ㅁ. 공부를 하<u>되</u> 기초부터 다져 가면서 착실히 하여라.

ㅂ. 술을 마시<u>되</u> 과음은 하지 말아라.

ㅅ. 일을 하<u>되</u> 열심히 하겠느냐?

ㅇ. 나는 일을 하<u>되</u> 너같이 하지는 않는다.

ㅈ. 우리가 그를 도우<u>되</u> 그가 만족하도록 도우자.

(1ㄱ~ㅈ)까지를 보면, 주어 제약, 의향법 제약은 없으나, 앞에서 서술어 제약은 있다 하였다. 그리고 비종결어미는 어떠하나 보기도 하겠다.

(2) ㄱ. 아버지는 저기에 가시<u>되</u>, 술은 절대로 드시지 마세요.

ㄴ. 나는 그와 언약은 하였으<u>되</u>, 책잡힐 이른 전혀 없다.

ㄷ. 나는 그 일을 하겠으<u>되</u>, 사양하고 말았다.

(2ㄱ)은 가능한데, (2ㄴ)은 자연스럽지 못한 듯하며, (2ㄷ)은 불가 능하지 않을까?

3. 「-려거든」
이 어미는 「-려+거든」으로 된 것으로 의도나 조거늘 나타낸다.

(1) ㄱ. 논어를 풀이하<u>려거든</u>, 지금까지 나온 여러 책을 먼저 읽어야 한다.

ㄴ. 성공하<u>려거든</u>, 먼저 기술부터 배워라.

ㄷ. 집으로 가<u>려거든</u>, 오솔길로 가지 말아라.

ㄹ. 네가 아름다우려거든, 율동체조를 많이 하여라.

(1ㄷ~ㄹ)에서 보면 의도를 많이 나타내는 듯하다. 그러나 「-거든」 때문에 조건도 나타낸다. 이 어미는 동사에 주로 쓰이고 주어는 2인 칭일 때 가자 자연스럽다. 1인칭은 불가능하다.

4. 「-거든」

이 어미는 가정이나 조건을 나타내는데 주로 조건을 나타낸다.

(1) ㄱ. 학교에 다니<u>거든</u>, 공부를 잘하여야 한다.

　　ㄴ. 그 아이가 공부를 잘하<u>거든</u> 사소한 일은 용서하여라.(용서하자.)

　　ㄷ. 그가 일을 잘하<u>거든</u> 여기에 계속 있게 하겠느냐?

　　ㄹ. 그미가 예쁘고 착하<u>거든</u> 결혼하여도 좋다.

　　ㅁ. 이것이 기중품이<u>거든</u> 저 상자에 넣고 자물쇠를 잠가두어라.(두자.)

　　ㅂ. 내가 가<u>거든</u> 그를 풀어 주겠느냐?

　　ㅅ. 네가 몸이 아프<u>거든</u> 하루 쉬어라.

(1ㄱ~ㅅ)에서 보면, 주어 제약, 서술어 제약, 의향법 제약은 없다.

(2) ㄱ. 그가 이를 마쳤<u>거든</u> 집으로 보내 주어라.

　　ㄴ. 네가 이 일을 잘해 내겠<u>거든</u>, 내가 너에게 상응한 보수를 주겠다.

(2ㄱ)은 조건임이 분명한데, (2ㄴ)은 「-겠-」 때문에 조건의 뜻이 다소 희박해진 것 같은 느낌이 든다. 굳이 말한다면 비종결어미는 「-리-」만 쓰일 수 없다. 발음상 이유와 입말 대 글말 때문이기도

하다.

5. 「-을진대」

이 어미는 모든 용언에 다 쓰일 수 있다.

(1) ㄱ. 값이 같을진대, 큰 것을 가져 가자.

ㄴ. 이것을 네가 가질진대, 난들 어찌 하겠는가?

ㄷ. 그가 착실할진대, 나는 그를 고용하겠다.

ㄹ. 네가 공부를 잘할진대, 대학까지 보내 주겠다.

ㅁ. 이것이 보물일진대, 잘 보관하여 두자.

ㅂ. 내가 기술이 좋을진대, 너는 나를 채용하여 주겠느냐?

위에서 보면, 주어 제약, 서술어 제약, 의향법 제약은 없다. 비종결어미는 어떠한가 보기로 하자.

(2) ㄱ. 내 아이가 미국에서 박사학위를 받았을진대, 그 대학에서 채용하여 주겠는가?

ㄴ. 그가 이것을 먹었을진대, 어찌하겠느냐?

(2ㄱ~ㄴ)에서 보면 「-었-」은 가느하나 「-겠-」은 불가능하다. 왜냐하면 「-을진대」의 「-을」 때문이다.

6. 「-어서는」

이것은 「-어서+는」으로 된 것이다.

(1) ㄱ. 길이 좁<u>아서는</u>, 도저히 갈 수 없다.

ㄴ. 이것과 저것이 같<u>아서는</u> 아니 된다.

ㄷ. 이를 위<u>해서는</u> 찬스의 구조를 개선해야 한다.

이 어미가 조건을 나타내는 예는 좀 드문 듯하다.

7. 「-아야」

끝에 오는 모음이 「ㅏ, ㅑ, ㅗ」인 동사와 형용사 어간에 붙어서 조건을 나타낸다.

(1) ㄱ. 내 눈으로 보<u>아야</u>, 믿든 말든 할 게 아니냐?

ㄴ. 윗물이 고<u>와야</u>, 아랫물이 맑지.

ㄷ. 물이 얕<u>아야</u>, 건널 수 있지 않겠나?

ㄹ. 네가 공부를 잘<u>하여야</u>, 성적이 올라간다.

ㅁ. 내가 저축으로 돈을 모<u>아야</u>, 저 산을 살 수 있겠다.

ㅂ. 꽃이 아름<u>다워야</u>, 사 가지 않겠나?

ㅅ. 밥을 먹<u>어야</u>, 살 수 있다.

(1ㄱ~ㅅ)을 보면, 의향법은 서술법과 의문법이 가능하고 권유법과 명령형은 잘 쓰이지 못한다. 비종결어미는 어쩌면 「-었-」과 「-시-」만이 쓰일 수 있는 듯하며 주어 제약은 없다.

(2) ㄱ. 아버지가 먼저 <u>자셔야</u>, 우리가 먹을 게 아니냐?

ㄴ. 네가 <u>이겼어야</u> 내가 네 소원을 들어주지.

8. 「-아야지」

이 어미는 「-아야+지」가 합하여 이루어진 것이다.

(1) ㄱ. 내 눈으로 보<u>아야지</u> 믿을 수 있다.

ㄴ. 날이 밝<u>아야지</u>, 우리가 떠날 게 아니냐?

ㄷ. 네가 박사<u>이야지</u> 우리한테 존경을 받는다.

ㄹ. 마음씨가 고<u>와야지</u> 여자지, 얼굴이 예쁘다고 여자냐?

ㅁ. 할아버지께서 술을 드<u>셔야지</u>, 우리도 숟가락을 들고 먹을 게 아니냐?

ㅂ. 선생님이 허락하<u>셔야지</u> 집으로 갈게 아니냐?(가거라.)

ㅅ. 내가 그것을 알았<u>어야지</u>, 너희들에게 이야기하지.

위의 예문에서 보면 서술어 제약, 주어 제약, 의향법 제약은 없으나, 비종결어미는 「-시-」「-었-」마니 가능하다. 이 어미는 문맥에 따라서는 결심을 나타내는 경우가 있다.

(2) ㄱ. 남들처럼 멋있는 필명 하나 지<u>어야지</u>, 하면서도 차일피일 미루어 왔다.

ㄴ. 매일같이 제 때에 약을 먹<u>어야지</u> 하면서도 때를 놓치고 만다.

ㄷ. 이 약을 먹<u>어야지</u> 병을 고칠 수 있다.

(2ㄱ~ㄴ)에서 보면 결심을 나타낼 때는 그 뒤에 「-하면서도」가 쓰임을 알 수 있다. 그리고 또 마땅함 (2ㄷ)을 나타낼 수도 있다.

9. 「-어야지만/아야지만」

이것은 「-어야지/아야지」의 강조형이다.

(1) ㄱ. 우리는 이 일을 해내<u>어야지만</u> 큰소리를 칠 수 있다.

　　ㄴ. 그가 가<u>야지만</u> 나는 이것을 먹겠다.

　　ㄷ. 너는 그대가 예뻐<u>야지만</u> 결혼하겠느냐?

　　ㄹ. 이것이 진짜 보석<u>이야지만</u>, 나는 비싸도 사겠다.

　　ㅁ. 네가 내 눈 앞에서 사라<u>져야지만</u> 나는 마음을 놓고 살겠다.

　　ㅂ. 나는 그대가 예뻐<u>야지만</u> 결혼하겠다.

　　ㅅ. 우리는 영희가 착해<u>야지만</u> 동료로 삼자.

　　ㅇ. 철수를 보낼 터이니 일을 잘 <u>해야지만</u> 채용하여라.

「-어야지만」도 「-어야지」와 같이 주어 제약, 서술어 제약, 의향법 제약이 없다.

(2) ㄱ. 선생님이 가셔<u>야지만</u> 우리도 갈 수 있다.

　　ㄴ. 그가 공부를 잘 했<u>어야지만</u> 채용할 게 아니냐?

(2ㄱ~ㄴ)에서 보면 비종결어미는 「-시-」, 「-었-」이 가능함을 알 수 있다. 이들(「-어야지/-어야지만」) 어미는 형태상으로 보면 필요법의 것과 같으나 문장에서의 의미 기능으로 보면 조건을 나타내므로 여기에서 다루었으니 오해 없기를 바란다.

2. [맞섬] 앞마디가 뒷마디에 대하여 독립성이 강한 것

◆ 선택법

이것은 독자적인 성격이 강하므로 독립시켜 다루기로 하였다. 이 법에는 「-거나」, 「-든지 -든지」, 「-(았)든가」, 「-건지」, 「-는다든가」, 「-는다든지」, 「-는다거나」, 「-어서건」, 「-(으)나 -(으)나」 등이 있다. 이들 중에는 의문의 어미도 있으나, 이것이 거듭 쓰임으로써 선택을 나타내므로 같이 다루기로 한 것이다.

1. 「-거나」

이 어미는 말할이 선택이다. 말할이가 들을이에게 이리저리 하라고 선택을 지시할 때 쓰이거나, 말할이가 주관적으로 선택할 때 쓰인다.

(1) ㄱ. 안보는 인기 품목이기는커녕 기피대상이거나 천덕꾸러기 신세로 가고 있는 것이다.

ㄴ. 그는 가거나 말거나 나와는 상관 없다.

ㄷ. 더 나아가 핵을 더 많이 갖거나 만들어도 상관 않겠다는 항복문서를 내놓은 것이다.

ㄹ. 그들 대통령 후보까지 안보 문제를 부화적 관심사로 몰아가거나 이에 잠재적 적대 세력과 타협하는 쪽으로 돌아선 마당에….

ㅁ. 아프거나 슬플 때마다 시도 때도 없이 입에서 튀어나올 것이다.

ㅂ. 그날 나는 밑창이 닳았거나 콧등이 뭉개져서 신을 신 수 없게 된 허접쓰레기 같은 것들을 모두 치워버렸다.

ㅅ. 신발을 함부로 신거나 벗어서는 안 된다는 것이었다.

ㅇ. 힘을 주어 재료를 자르거나 썰고 마늘과 생강은 칼자루로 다진다.

ㅈ. 어찌 되었거나 바다를 찾은 비둘기들을 보니 우물안 개구리처럼 살아가는 나를 보는 듯하였다.

ㅊ. 자동차에 치어 죽거나 장애를 입는 경우가 많다.

ㅋ. 음란하다거나 그런 것이 아닌, 있는 그대로 자연적인 것에 거부를 느끼지 않는 그들의 문화.

ㅌ. 풀밭 들꽃들에 눈길을 주며 대화를 시도하는 일에서도 책을 읽거나 차를 마시거나 사색하거나 하는 일처럼 몰입하게 되면 어떤 기운을 느끼게 된다.

ㅁ. 어쨌거나 들온말로 받아들인 것이 아니면 한자말은 서양말이나 다른 여러 나라말과 마찬가지로 우리말이 아니다.

ㅎ. 중국의 젊은이들이 한국 기업에 쉽게 일자리를 구할 수 있는 방편이라거나, 일부 청소년들이 한류에 편승하여 한국의 대중문화를 직접 접해 보고 싶은 일시적인 호기심이나….

ㄱ'. 나무를 심거나 꽃을 가꾸거나 상관할 바 아니다.

ㄴ'. 길이 멀거나 험하거나 하면 시간이 많이 걸린다.

ㄷ'. 붉거나 노란 셔츠를 사 오너라.(사가자.)

ㄹ'. 그곳은 비가 오거나 눈이 오거나 하면 길이 좋지 않으냐?

ㅁ'. 듣거나 말거나 한 정부 브리핑.

ㅂ'. 특히 작건 크건 가게를 열거나 태어날 아기들의 이름을 짓는 곳이 있으면….

ㅅ'. 도시와 도시는 한쪽으로 기우는 문화가 아니고 외지인이건 그 마을 사람이건 오고가게 마련이나….

(1ㄱ~ㅅ')까지를 보면, 주어는 1인칭이 대다수이고 2인칭이나 3인 칭도 있을 수 있다. 서술어 제약, 의향법 제약은 없으나, 비종결어미 는「-었-」과「-시-」만 쓰일 수 있다.

2.「-든(지) -든(지)」

이 어미는 양자택일을 나타낼 때 쓰인다.「-든지」 단독으로도 쓰 인다.

(1) ㄱ. 당시 어렵지 않느냐는 기자들의 질문에 이극로는 "어렵<u>든</u> 어쨌<u>든</u>" 우리가 할 일이오 하였다.

　　ㄴ. 죽<u>든</u> 살<u>든</u> 할 일은 해야지요?

　　ㄷ. 밉<u>든</u> 곱<u>든</u> 그대를 사랑하여라.(사랑하자.)

　　ㄹ. 죽이<u>든(지)</u> 밥이<u>든(지)</u> 주는 대로 먹어라.

　　ㅁ. 너는 가<u>든지</u> 말<u>든지</u> 네 마음대로 하여라.(하는구나.)

　　ㅂ. 나는 죽이<u>든지</u> 밥이<u>든지</u> 주는 대로 먹겠다.(먹는다.)

(1ㄱ~ㅂ)을 보면, 주어가 2인칭일 때는 의향법은 명령형이 주로 쓰이고 간혹 서술문이 될 때는 말할이의 뜻을 나타내는「하는구나」 또는 그 이외의 식으로 됨이 예사이다. 그리고 또 의문법도 쓰인다. 주어의 인칭에 따라 의향법이 쓰인다. 비종결어미는「-시-」,「-었-」 이 쓰인다. 서술어는 제약이 없으나,「이다」의 경우 즉, (1ㄹ)의 경우 의「-든지」는 조사로 보아야 할는지 의문이나「이다」에 붙은 어미 로 보기로 한다. 다음에 다시 몇몇 예를 더 들어보기로 한다.

(2) ㄱ. 한국은 그것이 종교의 이름이<u>든</u> 봉사의 이름이<u>든</u> 무슬림 세계로

나가고 있다.

ㄴ. 평범한 집안의 자제가 아니기에 좋든 싫든 짊어지고 갈 업이리라.

ㄷ. 누가 오든 알은 체할 것 없다.

(2ㄱ)의 예를 보면 「-이든」은 「이다」의 줄기 「-이」에 「-든」이 쓰인 것으로 보아진다. 따라서 「이다」, 「아니다」에 「-든(지)」가 올 수 있다.

3. 「-든가」

이 어미는 「-든지」와 구별하기 어려우나 자탄 또는 자문하는 성격을 띤 선택어미가 아닌가 한다. 이것도 양자 중 어느 하나를 선택하거나, 들을이 선택으로 쓰인다.

(1) ㄱ. 언문조차 몰랐든가 하는 원한이 뼈에 사무쳤습니다.

ㄴ. 누가 오든가 관계하지 않겠다.

ㄷ. 크든가 작든가 아무것이나 좋다.

ㄹ. 가든가 오든가 네 뜻대로 하여라.

ㅁ. 어떠하든가 간에 한번 가 보자.

ㅂ. 무슨 신문이든가, 네 마음대로 가져 오너라.

ㅅ. 붉든가 푸르든가 네 뜻대로 색종이를 가져오너라.

(1ㄱ~ㅅ)까지를 보면 「-거나」와는 달리, 말할이가 마음으로 결정적으로 선택한 것이 아니고, 전혀 상관하지 않는 뜻으로 쓰이거나, 말할이가 들을이에게 자임하는 뜻으로 선택권을 맡길 때에 쓰인다. 주어 제약, 서술어 제약은 없으나 의향법은 서술법, 명령형, 권유법

이 쓰이는데 의문법은 쓰인 예가 드무나 가능하다. 비종결어미는 「-었-」, 「-시-」가 쓰인다. 「-겠-」의 용례가 잘 나타나지 않으나 가능하다.

(2) ㄱ. 그가 그 일을 하겠든가 안 하겠든가 자세히 보고 오너라.
　　 ㄴ. 철수가 영수한테 이기겠든가 지겠든가 알아오너라.

(2ㄱ~ㄴ)에서 보면 「-겠-」이 쓰여서 자연스럽다.

4. 「-건지」
이 어미는 「-것인지」가 줄어서 된 것으로 보아진다. 왜냐하면 「-건지」 앞에 「ㄹ」이 있기 때문이다.

(1) ㄱ. 그는 일을 할건지 안 할건지 알 수가 없다.
　　 ㄴ. 철수는 서울에 갈건지, 안 갈건지 물어보아라.(물어보자.)
　　 ㄷ. 너는 이것을 먹을건지 안 먹을건지 말하여라.
　　 ㄹ. 내가 여기서 살건지 안 살건지 잘 모르겠다.

(1ㄱ~ㄹ)에서 보면, 주어가 3인칭일 때 가자 자연스럽고 그 다음이 2인칭이며 1인칭의 경우는 극히 드물게 쓰이는 것 같다. 이 어미는 동사에만 쓰인다. 어떻게 보면, 추상적인 뜻을 내포하고 있는 것 같기도 하다. 의향법은 주어가 2인칭일 때, 의문법, 명령형이 가능하고 그 이외는 서술법인데, 말할이가 들을이에게 물을 때는 의문법이 가능하고 주어가 1인칭일 때는 권유법도 가능하다.

5. 「-는다든가」
이것은 종결어미 「-는다」에 「-든가」가 와서 이루어진 것이다.

(1) ㄱ. 어떤 사태의 실현이 바람직하<u>다든가</u> 적절하<u>다든가</u> 하는 의미를 나
       타내는 것이 있다.
    ㄴ. 이 일을 한<u>다든가</u> 안 한<u>다든가</u> 말을 해야지.
    ㄷ. 이것이 보물이<u>라든가</u> 아니<u>라든가</u> 판단을 내려야 한다.
    ㄹ. 이 꽃이 향기롭<u>다든가</u> 그렇지 않<u>다든가</u> 판단을 내려야지.

(1ㄱ~ㄹ)에서 보면 「-는다든가」는 모든 용언에 다 사용될 수 있
으며, 주어도 별 제약이 없는 것 같고 의향법도 다 가능한 것 같다.

(2) ㄱ. 내가 그 일을 하겠<u>다든가</u>, 안 하겠<u>다든가</u>를 나중에 알려 주겠다.
    ㄴ. 네가 그 일을 했<u>다든가</u> 안 했<u>다든가</u>를 밝혀라.
    ㄷ. 네가 그 일을 하겠<u>다든가</u> 안 하겠<u>다든가</u> 말하여라.
    ㄹ. 할아버지가 가신<u>다든가</u>, 아버지가 가신<u>다든가</u> 알려주어라.

(2ㄱ~ㄹ)을 보면 비종결어미는 「-리-」를 빼고는 다 사용가능함
을 알 수 있다.

6. 「-는다든지」
이 어미는 간혹 「-는다던지」로 쓰이는 예가 하나 나타났다.

(1) ㄱ. 먹이는 풍성이 주되 손바닥이나 사람 가까이에서 먹게 <u>한다던지</u>
       어깨에 앉게 하지는 않는다.

ㄴ. 너는 <u>간다든지</u> 안 <u>간다든지</u> 말을 하여라.

ㄷ. 이 일을 하<u>겠다든지</u> 저 일을 하<u>겠다든지</u> 속 시원히 말하겠다.

ㄹ. 이 꽃이 아름<u>답다든지</u> 저 꽃이 아름<u>답다든지</u> 품평을 좀 하여보자.

ㅁ. 비가 <u>온다든지</u> 하면 어떻게 하겠느냐?

ㅂ. 이것이 그의 집이<u>라든지</u> 아니<u>라든지</u> 알려주자.

(1ㄱ~ㅂ)에서 보면, 「-는다든지」가 쓰일 수 있는 용언에는 아무 제약이 없고, 의향법과 비종결어미 및 주어 인칭에도 제약이 없다. 다만, 비종결어미 중 「-리-」는 쓰일 수 없다. 「이다/아니다」에 「-든지」가 올 때는 「-이다/아니다」도 「이라/아니라」로 「-다」가 「-라」로 바뀐다. 이 어미는 「-는다+든지」로 이루어진 것이다.

7. 「-는다거나」

이 어미도 「-는다+거나」로 이루어진 것이다.

(1) ㄱ. 짚고 넘어갈 일은 내가 착하<u>다거나</u> 수양을 잘 해서 그런 것이 아니다.

ㄴ. 그가 착하다거나, 착하지 않<u>다거나가</u> 문제가 아니라 그가 성실하나 않나가 문제인 것이다.

ㄷ. 이것이 순금이<u>라거나</u>, 아니<u>라거나</u> 판정을 내려다오.(내려주겠느냐?)

ㄹ. 그가 그 시험에 합격하였<u>다거나</u> 낙방하였<u>다거나</u> 알려주자.(주마.)

ㅁ. 네가 <u>간다거나</u> 안 <u>간다거나</u> 말하여라.

ㅂ. 네가 여기를 지키<u>겠다거나</u>, 안 지키<u>겠다거나</u> 판단하여라.

ㅅ. 선생님이 가신<u>다거나</u> 안 가신<u>다거나</u>를 저 쪽에 알려주어라.

(1ㄱ~ㅅ)에서 보면, 서술어 제약, 주어 제약, 의향법 제약, 비종결

어미 제약은 없다. 다만 비종결어미 중 「-리-」는 제약된다.

8. 「-어서건」
이 어미가 선택연결어미가 된 것은 「-건-」 때문이다.

(1) ㄱ. 속눈썹이 눈동자를 찔러서건 멋으로건 쌍꺼풀 수술을 하는 사람을
　　　이제는 이해하고도 남을 것 같은 오늘의 내 심정이다.
　　ㄴ. 그가 술을 먹어서건 밥을 먹어서건 상관할 바 아니다.
　　ㄷ. 그가 미워서건 고와서건 그런 것이 아니다.

이 어미는 동사에 많이 쓰이고 형용사에는 덜 쓰이는데, 지정사
에는 쓰이지 아니한다. 그리고 의향법과 비종결어미 제약은 많은
것 같다. 주어 제약은 없는 듯이 보인다.

9. 「-으나」
이 어미도 양자 중 하나를 선택하는 선택어미이다.

(1) ㄱ. 그는 오나가나 말썽이다.
　　ㄴ. 그와 같은 연설은 하나 마나 하다.(하지 않느냐?)
　　ㄷ. 미우나 고우나 잘 보아 주자.

이 어미는 조사로서 가리지 않음, 강조 등의 뜻으로 쓰인다. 그런
경우를 여기에서 예시하기로 한다.

(1) ㄹ. 밥이나 죽이나 마음대로 주시오.

(1ㄱ~ㄹ)에서 보면 모든 용언에 다 쓰이며 주어 제약은 없으나 「-겠-」은 제약이 있는 듯하다. 그리고 의향법 제약은 없는 듯하다.

10. 「-(느)냐」
이 어미 역시 양자택일을 나타낸다.

(1) ㄱ. 용언의 굴곡형태 속에 「-더-」가 나타나느냐 않느냐에 따라 최현
　　배는 때매김을 두 가지로 나누어서 그것이 나타나지 않는 것을 바
　　로 때매김이라 하고 나타나는 것을 도로생각 때매김이라 하였다.
　ㄴ. 노무현이냐 이인제냐로 시끄러웠던 민주당이 이회창의 중요한 한
　　나라당을 눌렀다는 것이다.
　ㄷ. 1997년 이회창이냐 이인제냐로 들썩거렸던 한나라당이 김대중 유
　　일 체제로 숨소리도 들리지 않던 새정치국민회의에 패퇴한 걸 설
　　명할 길이 없다.
　ㄹ. 이 꽃이 아름다우냐 저 꼬치 아름다우냐로 서로 다투고 있다.
　ㅁ. 그가 이기겠느냐 지겠느냐 알아보아라.(보자.)

이 어미는 물음어미나 두 개를 나란히 사용함으로써 선택의 뜻을
나타낸다. 서술어 제약, 주어 제약, 의향법 제약은 있는 것 같지 아
니하고 비종결어미는 「-겠-」은 좀 이상하다.

11. 「-으나 -으나」
이 어미는 모든 용언에 다 쓰인다.

(1) ㄱ. 그는 있으나 마나한 한 사람이다.

ㄴ. 자나 깨나 불조심.

ㄷ. 추우나 더우나 비가 오나 눈이 오나 피할 곳이 없지 않은가?

ㄹ. 잘 나나 못 나나 남편 밑에서 세상을 모르고 지냈지요.

ㅁ. 앉으나 서나 당신 생각

이 어미는 비종결어미는 쓰일 수 없으나 주어 제약과 의향법 제약은 없다. 이 어미는 문맥에 따라서는 불구의 뜻을 나타내기도 한다.

◆ 나열법

이에는 「-고」, 「-요」, 「고는」, 「-다 -다」, 「-(느)니 -(느)니」, 「-다가 -다가」, 「-고 -고」, 「-다느니 -다느니」, 「-랴 -랴」, 「-어서나 -어서나」 등이 있다. 서술어가 동사일 때와 형용사·지정사일 때, 앞뒤 마디의 차례를 바꿀 수 있는 경우가 있고 바꿀 수 없는 경우가 있다.

1. 「-고」
[1] 동사의 경우
앞뒤의 말의 차례를 바꿀 수 없는 경우

(1) ㄱ. 바람이 불면 떡잎은 서로를 부딪치어 웅얼거리는 소리가 들렸고 그 수런거림 속에, 인기척을 가려내어 애쓰시며 밤잠을 설치셨을 할머니.

ㄴ. 그는 자전거를 타고 학교에 간다. (수단)

ㄷ. 나는 이 책을 읽고 그 사실을 알았다. (완료)

ㄹ. 그는 살고 싶어한다. (희망)

ㅁ. 산 밑 뜰 밖 샘터에서 들려오고 있습니다. (진행)

ㅂ. 알들이 샘물 속에 따리를 틀고 조금씩 움직거리는 모습이 참 신비스럽습니다. (완료)

ㅅ. 시커먼 썬그라스에 카메라를 메고 어정거립니다. (완료, 상태)

ㅇ. 꽃다지들도 급기야는 개구리 성화에 못 이겨 눈을 뜨고 세상 구경을 나옵니다. (완료, 상태)

ㅈ. 주말마다 친구들과 등산할 때는 출발 전에 30여 분 기다리고 등산 중에 중간중간 휴식을 하다 보면 하산은 언제나 해질녘이었다. (방법)

ㅊ. 가로수 낙엽들이 휘날리는 거리를 두고 곧장 집으로 가기엔 못내 아쉬웠다. (완료, 상황)

ㅋ. 포부를 안고 미국으로 유학 간 이 할 것 없이 다 나름대로 찬스에 도전했다. (소지)

ㅌ. 그 화분을 들고 여의도행 버스를 탔다. (방법)

ㅍ. 외국 나들이를 할 만큼 두둑한 경제력을 갖추고 살지 않아도 통큰 투자를 하는 것이다. (완료, 상태)

ㅎ. 세계사적 맥락에서 본다면 유럽은 쇠퇴하고 그 자리를 한국이 대신하는 것인지도 모른다. (완료, 결과)

앞뒤 차례를 바꿀 수 있는 경우

(2) ㄱ. 찬바람 일고 귀뚜라미 우는 밤이었다.

ㄴ. 그렇게도 믿고 의지하고 좋아했던 스님께서 세상에 안 계신다는 현실이 믿어지지 않습니다.

ㄷ. 칼이 있어야 썰고, 자르고 다질 수 있다.

ㄹ. 가난을 참고 견딜 수 있다.

ㅁ. 그 동안 이를 악물고 재기를 노리면서 재보궐 선거가 있을 때마다 이삭줍기를 해 한 석 두 석 늘려왔는데….

ㅂ. 야속한 것은 믿고 의지했던 '님'의 배신이다.

ㅅ. 당시에 배달된 인쇄술을 활용해 대주교육을 실시하지 않고 과거와 같은 방식으로 외우고 암송하며 붓글씨 쓰기만을 강조하는 교육 방식을 고집했기 때문이라고 한다.

ㅇ. 어떤 후보가 이 나라를 이끌고 나갈 능력과 자질을 갖추고 있는지를 검증하고 판단할 시간적 여유도 없게 되었다.

ㅈ. 말로는 가장 가깝다고 하면서 양보보다는 사소한 것에도 반목하고 토라지고 함부로 말해 버리는 사이.

ㅊ. 착취, 억압하기 위해서가 아니라 사랑하고 베풀고 고쳐주기 위해서이다.

ㅋ. 누가 이기고 지든 간에 이 한 가지는 명심해야 한다.

[2] 형용사의 경우
앞뒤 차례를 바꿀 수 있는 경우

(1) ㄱ. 제주도에서 관광특구이자 경제특구를 조성하기 위하여 옛 간판을 없애고, 세계화에 맞춰 새로운 간판을 달 것이라는 기사가 신문 한 귀퉁이에 실린 것을 보면서 김판돌 씨는 담배를 꺼내 물었다.

ㄴ. 저 역시 어리석고 욕심 많고 야속함을 잘 타는 사람이었습니다.

ㄷ. 높고 푸른 가을 하늘.

ㄹ. 부끄럽고 죄스러워 어떻게 그런 일을 까버릴 수 있겠는가?

ㅁ. 마을 사람들의 손길이 얼마나 바쁘고 힘겨웠을까?

ㅂ. 높고 험한 산 위에 어떻게 나비가 올라왔을까?

ㅅ. 벨 주한미군사령관은 북한의 이 미사일은 고체연료를 사용해 발사가 신속하고 이동이 쉽다며 사거리 120km인 이 미사일이 서울과 이들 도시를 겨냥한 것이라고 했다.

앞뒤 차례가 바뀔 수 없는 경우

(2) ㄱ. 한국의 안보에 관한 한 차라리 햇볕 만능주의자나 햇볕 적극론자가 솔직하고 판단하기 쉽다.

ㄴ. 미국도 이라크 사태에 얽매여 더 이상 전선을 펼칠 여유가 없고 단지 북한의 핵이 대외적으로 수출되지 않도록 단속하는 선에서 타협할 것이고 중국 역시 북한의 핵을 사실상 용인하며….

ㄷ. 이웃인 양하는 것도 비위에 안 맞았고 텅 빈 상자를 타고 혼자오르내리는 것도 못힐 짓이었다.

ㄹ. 베란다에 서서 빈 나뭇가지를 바라보며 마시는 커피도 좋았고 잠 안 오는 밤 달빛을 바다 푸르게 빛나는 모습을 보며 듣는 노래도 좋았다.

ㅁ. 표면은 미끄럽고 곡선의 나이테가 선명해 아름다웠다.

ㅂ. 가슴이 답답하고 숨이 막혀 오는 것을 한여름의 더위 탓만은 아닐 것이다.

이 경우를 분석하여 보면, 앞마디는 서술어가 형용사이고 뒷마디의 서술어는 동사일 때이다.

[3] 지정사의 경우

앞뒤 차례가 바뀔 수 없는 경우

(1) ㄱ. 기다림이란 살아 있음에 대한 증거이고 또한 살아 있어야 한다는
　　존재 그 자체이기도 하다.

　ㄴ. 씩씩하고 우렁한 기적소리는 만남의 설레임이었고 당차게 내달리
　　는 육중한 질주는 연결의 기약이었다.

　ㄷ. 나는 선생이고 너는 배우는 학생이다.

　ㄹ. 미국도 이라크 사태에 얽매여 더 이상 전선을 펼칠 여유가 없고
　　단지 북한의 핵이 대외적으로 수출되지 않도록 단속하는 선에서
　　타협할 것이고 중국 역시 북한의 핵을 사실상 용인하며….

앞·뒤 차례가 바뀔 수 있는 경우

(2) ㄱ. 우리에게는 이름조차 낯선 아프칸이고 이라크다.

　ㄴ. 누가 칼이고 누가 도마면 어떠냐?

　ㄷ. 이것은 책이고 저것은 연필이다.

　ㄹ. 노대통령이 혹시 다리 걸기에 성공하면 평화협정 같은 이외의 성
　　과를 따낼 터이고 등배지기에 들려 넘어지면 곱빼기로 퍼주기를
　　약속해야 할 것이다.

　ㅁ. 저것은 연필이고 이것은 칼이다.

2. 「-요」

이 어미는 지정사에만 쓰일 수 있다.

앞뒤 차례가 바뀔 수 있는 경우

(1) ㄱ. 저것은 승용차<u>요</u>, 이것은 오토바이다.

ㄴ. 저 아이는 중학생이<u>요</u>, 이 아이는 초등학생이다.

ㄷ. 여기는 서울이<u>요</u> 저기는 부산이다.

ㄹ. 이것은 잣이<u>요</u>, 저것은 호두이다.

ㅁ. 너는 처녀<u>요</u> 나는 총각이다.

앞뒤 차례가 바뀔 수 없는 경우

(2) ㄱ. 온ㄹ은 3.1절이<u>요</u>, 내일은 일요일이다.

ㄴ. 아버지는 훌륭한 학자<u>요</u>, 나는 대학원 학생이다.

ㄷ. 오늘은 나의 생일이<u>요</u>, 모레는 너의 생일이다.

ㄹ. 3월 5일은 경칩이<u>요</u>, 2일은 춘분이다.

대체적으로 차례대로 말하는 경우는 앞뒤 차례를 바꿀 수 없다.

3. 「고는」

이것은 「-고＋는(조사)」로 된 것이다.

(1) ㄱ. 한참 동안 기억을 더듬<u>고는</u> 대꾸했다.

ㄴ. 나는 빚을 지<u>고는</u> 부란해 하는 성미이다.

ㄷ. 이명박 후보가 지금까지 드러난 의혹을 풀지 않<u>고는</u> 본선에서 매우 고전할 것이라고 본다.

ㄹ. 한 말 술을 먹<u>고는</u> 가도 지고는 못 간다.

ㅁ. 그렇다고는 하나 나는 고단하게 생을 이어가는 나무에 대해 어떤
　대안도 가지고 있지 않다.

ㅂ. 그가 착하다고는 하지만도 마음씨가 좋지 않다.

ㅅ. 김판돌 씨는 서 주임에게 조심스럽게 인사를 건네고는 윤 실무대리
　가 이끄는 대로 회의실에 앉았다.

ㅇ. 그는 밥을 먹고는 한 숨 자고 일터로 나갔다.

「-고」에 조사가 올 수 있는 보기를 들면 「-고만」, 「-고도」, 「-공부
터」, 「-고까지」, 「-고야」, 「-고들」, 「-고나」, 「-고나마」 등이 있다.

이외에도 여러 가지 나열법이 있다. 다음 여러 어미 중에는 차례
를 바꿀 수 있는 것도 있고 없는 것도 있다.

4. 「-다 -다」

이 어미 앞에 비종결어미가 없으면 되풀이를 나타내나 비종결어
미가 오면 나열의 뜻을 나타낸다.

(1) ㄱ. 너희가 그 경기에서 이겼다 졌다 하지 말고 바로 이야기 하여라.

　ㄴ. 이 약이 건강에 좋겠다 안좋겠다고 누가 말하더냐?

　ㄷ. 너는 가겠다 안 가겠다 하지 말고 단정적으로 말하여라.

　ㄹ. 우리는 자주 왔다 갔다 하자.

주어 제약과 의향법 제약은 없으나 비종결어미는 「-었-」, 「-겠-」
만이 쓰인다.

5. 「-(느)니 -(느)니」

이것은 모든 용언에 다 쓰인다.

(1) ㄱ. 우리는 유산계급의 자제들과 같이 잘사느니 못사느니 하는 것을
　　　따지지 말자.
　　ㄴ. 가느니 안 가느니 하지 말아라.
　　ㄷ. 미우니 고우니 하지 말고 잘 지내어라.
　　ㄹ. 먹느니 안 먹느니 하지 말고 어서 먹어라.
　　ㅁ. 너는 왜 가니 안 가니 말썽을 부리느냐?

주어 제약, 의향법 제약은 없다. 동사에는 비종결어미 「-었-」, 「-겠-」, 「-시-」가 쓰일 수 있다.

(2) ㄱ. 그는 갔느니 안 갔느니 왜 다투느냐?
　　ㄴ. 너는 이것을 하겠느니 안 하겠느니 하지 말고 어서 하도록 하여라.
　　ㄷ. 아버지는 그곳에 가시겠느니, 안 가시겠느니 망설이고 계신다.

6. 「-(았)다가 -(았)다가」

이 어미는 모든 용언에 쓰인다.

(1) ㄱ. 그가 목소리만 듣고 혼자 경치에 앉았다가 섰다가 사방을 두리번
　　　두리번 보고 있었는데, 근처에 있던 토막 안에서 인기척이 났다.
　　ㄴ. 나는 지난밤에 잠이 오지 않아 누웠다가, 일어났다가 하면서 밤을
　　　세웠다.
　　ㄷ. 너는 왜 그녀를 믿었다가 안 믿었다가 변덕을 부리느냐?

ㅁ. 일을 하<u>다가</u> 말<u>다가</u> 성의가 없다.

ㅂ. 날씨가 흐렸<u>다가</u> 개었<u>다가</u> 한다.

ㅅ. 김선수는 공격수였<u>다가</u> 방어수였<u>다가</u> 하며 활약이 대단하다.

주어 제약은 없으며 비종결어미는 「-었-」이 쓰인다. 의향법은 서술법과 의문법이 쓰이는 것으로 보인다.

7. 「-고 -고」
이 어미는 모든 용언에 다 쓰인다.

(1) ㄱ. 나는 불효녀, 십 년이<u>고</u>, 이십년이<u>고</u> 내 늙은 엄마를 소뼈다귀 우려먹듯 우려먹고 싶다.

ㄴ. 좋<u>고</u> 싫<u>고</u> 간에 말을 좀 삼가하여라.

ㄷ. 그는 매일 이곳을 오<u>고</u> 가<u>고</u> 하면서 무엇 하는지 모르겠다.

ㄹ. 아버지는 그곳에 가시<u>고</u> 안 가시<u>고</u> 상관하지 말아라.(말까?)(말자.)

주어 제약, 의향법 제약은 없으나 비종결어미는 쓰일 수 없다.

8. 「-다느니 -다느니」
이 어미는 모든 용언에 다 쓰인다.

(1) ㄱ. 너는 왜 간<u>다느니</u> 안 간<u>다느니</u> 말이 많으냐?

ㄴ. 그는 잘났<u>다느니</u>, 못났<u>다느니</u> 왜 말이 많은가?

ㄷ. 꿈이었<u>다느니</u>, 생시었<u>다느니</u> 분간도 못하고 야단들이다.

ㄹ. 대통령후보를 검증한다면서 경제에 밝<u>다느니</u> 외교에 강하<u>다느니</u>,

법률지식이 풍부하<u>다느니</u> 말을 잘 한<u>다느니</u> 하는 이미지 조사식으로 흐르는 현재의 대통령 후보 검증시스템에는 중대한 구멍이 뚫려 있다고 경고하기 위해서다.

ㅁ. 콩을 심<u>는다드니</u> 팥을 심<u>는다드니</u> 말이 많았다.

ㅂ. 남는 장사를 한<u>다느니</u> 취직을 한<u>다느니</u> 부산을 떨다가 결국 취직을 하였다.

ㅅ. 선생은 서울에 가<u>신다느니</u> 안 가<u>신다느니</u> 하며 말썽을 부렸다.

ㅇ. 나는 이것을 하<u>겠다느니</u> 저것을 하<u>겠다느니</u> 망설였다.

주어 제약은 없으나 비종결어미는 「-리-」를 제외하고는 다 쓰인다. 의향법은 서술법과 의문법이 쓰인다.

9. 「-랴 -랴」
이 어미는 「이다」와 동사에 쓰인다.

(1) ㄱ. 서울이<u>랴</u> 부산이<u>랴</u> 오르내리며 고생하였다.

ㄴ. 떡이<u>랴</u> 밥이<u>랴</u> 음식을 많이 장만하였다.

ㄷ. 일하<u>랴</u> 공부하<u>랴</u> 매우 바쁘다.

이들 예는 『우리말사전』에서 따 왔는데, 이것밖에는 더 찾지 못하였다. 비종결어미는 쓰이지 못한다. 다만 「-시-」는 쓰일 수 있겠다 의향법은 서술법만 가능하다.

10. 「-어서나 -어서나」
이 어미는 다음 예에서 보는 바와 같이 「있다」에 쓰인 것만 나타나서 그대로 예시하겠다.

(1) ㄱ. 한글의 보급은 조선문화의 민중화에 있<u>어서나</u> 필요하다 하겠지만 그보다도 이 한글을 우리 근로계급에 보급시킴으로써….

ㄴ. 한글의 연구에 있<u>어서나</u> 보급에 있<u>어서나</u> 남달리 애쓰지 아니하면 되지 않는다.

위에서 설명한 같은 어미가 거듭 쓰일 때는 연발적인 뜻을 나타내기도 한다.

3. 연결어를 만드는 연결어미

이에 대하여는 지금까지의 뜻이나 구실에 따라 연결어미를 분류한 데서 모두 다루었으나 여기서 다시 알기 쉽게 보이면 다음과 같다. 이것을 다루는 방법은 허웅 교수의 '형태론'에 따름을 밝혀둔다.

3.1. 연결어미에 뜻이 없는 것

3.1.1. 완료, 상태

1. 「-어/아」
이 어미는 단독으로는 하나의 음소에 불과하므로 뜻이 없으나 문장 안에서는 완료, 상태 등의 뜻을 나타내므로 기능상으로는 연결 작용도 한다. 이 어미 뒤에는 의존동사와 의존형용사가 와서 하나의 서술어를 이룬다.

- -어+있다: 솟아 있다. 앉아 있다. 서 있다. 누워 있다.
- -어+오다: 밀려온다. 끌려오다. 둘려온다. 물어온다.
- -어+가다: 돌아가다. 되어 가다. 져어 간다. 몰려간다.
- -어+보다: 물어 보다. 알아 보다. 안아 보다. 읽어 보다.
- -어+가지다: 물어 가지고 갔다. 사 가지고 왔다. 앉아 가지고 이야기하였다.
- -어+계시다: 앉아 계시다. 누워 계신다. 서 계신다.
- -어+나가다: 속여 나가다. 처리하여 나가다. 일을 하여 나가다.
- -어+버리다: 먹어 버리다. 잃어버리다. 씻어 버리다. 사 버렸다.
- -어+내다: 이겨내다. 참아내다. 견뎌내다. 찾아내다.
- -어+두다: 놓아두다. 가두어두다. 묶어두다. 심어두다.
- -어+놓다: 심어놓다. 말아놓다. 들어놓다. 모아놓다.

3.1.2. 섬김

- -어+주다: 읽어주다. 도와주다. 알아주다. 보아주다.
- -어+드리다: 도와 드리다. 밀어 드리다. 부쳐 드리다. 읽어 드리다.
- -어+바치다: 일러바치다. 고해바치다.
- -어+올리다: 삶아 올리다. 해 올리다. 말씀해 올리다.
- -어+달라: 도와 달라. 와 달라. 알려 달라. 수레를 밀어 달라. 닦아 달라.

3.1.3. 이루어짐

• −어＋지다: 병이 나아지다. 잘 살아지다. 먹어지다.

3.1.4. 가능

• −어＋지다: 읽어진다. 먹어진다. 써진다. 가진다.

3.1.5. 해보기

• −어＋보다: 먹어 보다. 물어 보다. 낚아 보다. 써 보다. 읽어 보다. 입어
  보다.

3.1.6. 힘줌

• −어＋대다: 불러대다. 웃어대다. 읽어대다. 놀려대다.
• −어＋쌓다: 웃어 쌓다. 떠들어 쌓다. 먹어 쌓다. 싸워 쌓다.
• −어＋먹다: 속여 먹다. 우려먹다. 팔아먹다. 시켜 먹다.
• −어＋터지다: 얻어터지다. 불어터지다. 물러터지다. 식어 터지다.
• −어＋치우다: 먹어 치우다. 팔아 치우다. 갈아 치우다.
• −어＋떨어지다: 녹아떨어지다. 곯아떨어지다.
• −어＋빠지다: 썩어 빠지다. 거슬러 빠지다. 시어 빠지다.
• −어＋제끼다: 먹어제끼다. 웃어제끼다. 우겨제끼다.
• −어＋제치다/젖히다: 울어 제치다. 싸워 제치다. 대문을 열어 젖히다.
• −어＋버릇하다: 써 버릇하다. 자 버릇하다. 먹어 버릇하다.

- -어+말다: 싫어 말라. 부끄러워 말라. 어려워 말라. 서러워 말라.
- -어+마지않다: 빌어 마지않다. 바라마지않는다.
- -어+들다: 빠져들다. 걸려들다. 속아 들다. 몰려들다.
- -어+넘어가다: 속아 넘어가다.
- -어+넘기다: 속여 넘기다. 해 넘기다. 우겨 넘기다.
- -어+보이다: 돈이 있어 보인다. 잘나 보인다. 예뻐 보인다. 추해 보인다.

3.1.7. 지움

1. 「-지」
- -지+아니하다: 가지 아니하다. 오지 아니하다. 읽지 아니하다. 보지 아니하다.
- -지+못하다: 읽지 못하다. 쓰지 못하다. 옳지 못하다. 입지 못하다.
- -지+말다: 자지 말아라. 가지 말자. 먹지 말아라. 쓰지 말자.

2. 「-든/들」
- -든/들+아니하다: 가든/가지 말자. 먹든/먹들 아니하다. 보들 아니하다. 듣들 아니하다.
- -든/들+못하다: 먹들 못한다. 가들 못한다. 있들 못한다.
- -든/들+말라: 가든 말라. 있들 말라. 웃들 말라.

3.1.8. 때

- -고+있다: 자고 있다. 놀고 있다. 먹고 있다. 책을 읽고 있다.
- -고+계시다: 놀고 계신다. 주무시고 계신다. TV를 보고 계신다.

- -고＋나다: 먹고 나다. 자고 나다. 싸우고 나다. 떠들고 나다.

3.1.9. 바람

- -고＋싶다: 보고 싶다. 자고 싶다. 가고 싶다. 들고 싶다.
- -고＋싶어한다: 보고 싶어한다. 가고 싶어하다. 자고 싶어하다.
- -고＋프다: 가고프다. 자고프다. 있고프다. 먹고프다.
- -고＋자하다: 보고 자하다. 먹고 자하다. 가고 자하다.
- -고＋지다: 보고 지다. 먹고 지다. 들고 지다. 가고 지다.

3.2. 연결어미에 뜻이 있는 것

3.2.1. 분명한 뜻을 가진 연결어미에 '하다' '들다'가 이어지는 것

- -어야＋하다: 먹어야 한다. 있어야 한다. 울어야 한다. 웃어야 한다. 고 와야 한다. 책이어야 한다.
- -으려(고)＋하다: 일 하려(고) 하다. 공부 하려 하다. 누우려 하다.
- -고자＋하다: 놀고자 한다. 자고자 한다. 먹고자 한다.
- -고곤＋하다: 자주 가곤 한다. 자주 찾아오곤 한다. 늘 공부하곤 한다. 자고 먹고 한다.
- -움직＋하다: 먹음직하다. 공부함직하다. 여기 있음직하다.
- -고＋들다: 좌고 들다. 치고 든다. 쑤시고 든다.
- -으려＋들다: 먹으려 들다. 찾으려 들다. 여기 있으려 든다.
- -으러＋들다: 공부하러 들다. 일하러 든다. 노래하러 든다.
- -으려(고)＋들다: 공부하려(고) 든다. 노력하려(고) 든다.

3.2.2. 힘줌을 나타내는 것.

여기서는 두 말이 겹쳐서 힘줌을 나타낸다.

1. 「-고」
- 넓고 넓은 바닷가에 오막살이 집한 채
- 멀고 먼 천리 길
- 물이 너무 차고 차서 세수를 못하겠다.
- 길고 긴 한강수는 끊임없이 흐른다.
- 귀엽고 귀여운 어린이

2. 「-으나」
- 머나 먼 남쪽 하늘 아래 그리운 고향
- 기나 긴 겨울
- 좁으나 좁은 골방
- 매우나 매운 북풍

3. 「-디」
- 차디 찬 바람
- 쓰디 쓴 고통
- 넓디 넓은 들판
- 깊디 깊은 물속

4. 「-기야」
- 하기야 하겠느냐?

- 먹기야 하겠느냐?
- 싸우기야 싸우겠느냐마는….

3.3. 되풀이되는 연결어미에 '하다'가 이어짐

- -까 -까: 갈까 말까 한다.
- -다 -다: 왔다 갔다 한다.
- -니 -니: 한문이니 영문이니 하는 것은 배울 틈도 없다.
- -겠다 -겠다: 가겠다 안 가겠다 하지 말고 갔다 오너라.
- -느니 -느니: 가느니 안 가느니 하지 말고 다녀오너라.
- -다가 -다가: 앉았다가 섰다가 하지 말고 가만히 앉아 있거라.
- -랴 -랴: 공부하랴 일하랴 하니 정신이 없다.
- -고 -고: 가고오고 하면서 무엇을 하느냐?
- -거나 -거나: 길이 멀거나 험하거나 하면 가지 말아라.
- -든지 -든지: 가든지 오든지 하면서 세월만 보낸다.
- -든 -든: 집에 있든 말든 하면서 시간만 보낸다.
- -다든가 -다든가: 어떤 사태의 실현이 바람직하다든가 적절하다든가 하는 의미를 나타내는 것이 있다.
- -나 -나: 그런 연설은 하나 마나 하다.
- -락 -락: 갈매기는 오락가락 한다. 정신이 오락가락 한다.
- -거니 -거니: 앞서거니 뒤서거니 하면 우리는 길을 갔다.
- -든가 -든가: 먹든가 말든가 마음대로 하여라.
- -을까 -을까: 공부를 할까 말까 한다.

제**3**장

맺음말

지금까지 다뤄 온 연결어미의 분류는 참으로 어려운 일이었는데, 하나의 어미가 구문에 따라 몇 가지로 뜻이 다르게 나타나는 경우가 만하 그에 따라 나누기도 하였고 분류하기도 하였는데, 실제 문장에서 보면 뜻으로 나누어야 할 경우도 있고 구실에 따라 나누어야 할 경우도 있기 때문이다.

(1) ㄱ. 꽃이 아름답게 피어 있는 공원에 놀러 갔었다.

   ㄴ. 꽃이 너무 아름다워서 나는 발걸음을 멈추고 서 있었다.

(1ㄱ)의 「-게-」는 뜻으로는 확정상태로 보아지며 구실로는 「피어 있는」을 꾸미고 있다. 또 「놀러」의 「-러-」는 뜻으로는 목적을 나타내나 구실로는 「갔었다」를 꾸미는 것으로 보아야 한다. (1ㄴ)의 「-워서」는 문맥적 뜻으로는 까닭을 나타내나 구실로는 "나는 발걸음을 멈추고"를 꾸미는 것으로 보아진다. 그리고 「-서-」는 「있었다」를 꾸미는데 뜻으로는 '완료'로 보아진다. 여기에서 「-게-」, 「-어서」,

「-어」 또는 「-고」는 뜻으로 나누는 것이 좋을까 구실로 나누는 것이 좋을까 상당히 망설여지는 경우이다. 허웅 교수가 「-고」를 '맞섬·벌임법'으로 본 것은 분명히 구실에 의한 분류법이지 뜻에 의한 분류법은 아니다. 따라서 뜻으로 나눌 경우는 뜻으로 나누되, 구실로 나누어야 할 경우는 구실에 따라 나누어야 할 것으로 생각된다.

따라서 지금까지 나눈 연결어미를 요약하여 보이면 다음과 같다.

1. [딸림] 앞 절이 뒷 절에 대해 종속성이 강한 것

1.1. 종결절에 대하여 구속력이 강한 연결어미

1.1.1. 반드시 종결절을 구속하는 연결어미

- 이유법: 「-거늘」, 「-건대」, 「-기로」, 「-기로서니」, 「-기로선들」, 「-기에」, 「-길래」, 「-는다니까」, 「-는다니」, 「-는지라」, 「-니까」, 「-을니라치면」, 「-자라서면」, 「-어서/아서」, 「-매」, 「-므로」, 「-을려기에」, 「-은즉」, 「-을새」, 「-을지니」
- 가정법: 「-거든」, 「-노라면」, 「-는다면(은)」, 「-더라면」, 「-더라손」, 「-던들」, 「-더라도」, 「-라면」, 「-으면」, 「-서라면」, 「-을것같으면」, 「-서라면」, 「-을것같으면」, 「-을진대」, 「-을라치면」, 「-자면」
- 필요법: 「-어야/아야」, 「-어야만/아야만」, 「-러야/라야」, 「-러야만/라야만」, 「 어야지/라야지」, 「-어야지만/러야지만」, 「-을지니」, 「-고서야」, 「-어서야/라서야」
- 비교법: 「-거든」, 「-느니」, 「-듯이」, 「-으리만큼」, 「-다시피」

- 의도법: 「-겠다고」, 「-고자/고저」, 「-는답시고」, 「-(으)러」, 「-(으)러」, 「-었으면」, 「-어야겠다고」, 「-(으)려」, 「-을려고」, 「-을려고」, 「-을라/을래야」, 「-을라고」, 「-을려니」, 「-을래도」, 「-을려면」, 「-을려다가」, 「-을려도」, 「-으려야/으려야」, 「-자고/자고도」, 「-자니/자니까」, 「-자며」, 「-자면서(도)」, 「-으리라」, 「-으려는데」

1.1.2. 뒤집음으로 종결문장을 요구하는 연결어미

- 양보법: 「-으나마」, 「-는다마는」, 「-는다면서도」, 「-는다손」, 「-눈댔자」, 「-는들」, 「-는다지만」, 「-더라도」, 「-라도」, 「-라지만」, 「-래도」, 「-런들」, 「-던들」, 「-련만」, 「-을지나」, 「-을지언정」, 「-읍니다마는」, 「-어도/-아도」, 「-어서라도」, 「-(이)라도」, 「-은들」
- 불구법: 「-거니와」, 「-건만/건마는」, 「-게나마/나마」, 「-으나」, 「-지마는/지만」, 「-고서도」, 「-고서라도」, 「-기로서니」, 「-는데도」 「-(었)으면서도」, 「-아서도」, 「-(었)으나」, 「-었지만」, 「-을지언정」, 「-을지라도」, 「-을망정」, 「-으나따나」

1.2. 자유스럽게 쓰이는 연결어미

여기서의 뜻은 연결어미 뒤에 오는 종결절의 내용이 어미에 구애되지 않고 다소 유동적인 내용이 와도 좋다는 뜻이다.

- 설명법: 「-나니」, 「-으나마나」, 「-노니」, 「-노라고」, 「-노라니」, 「-는다며」, 「-는다고」, 「-는다는데」, 「-는다니」, 「-는대서」, 「-는대서야」, 「-는데」, 「-느라」, 「-느라고」, 「-는바」, 「-니」, 「-다면서」, 「-라」, 「-면서(도)」, 「-었다고」, 「-었다는데」, 「-었다니」, 「-었대서」, 「-기로서니」, 「-을작시면」, 「-라며」, 「-노라고」, 「-구나」, 「-는다더니/라더니」, 「-더라고」, 「-더니」, 「-고라도」, 「-고만」, 「-고서/-고선」, 「-고서야」, 「-는다」, 「-는다고도」, 「-다보면」, 「-을시」, 「-으려더니」, 「-어지고」, 「-지도/지는/지만」, 「-을지나」, 「-는지」, 「-거니와」, 「-으려니와」
- 중단법: 「-다가」, 「-다가는」, 「-다가도」
- 지정법: 「-라고」, 「-이라」, 「-라고만」, 「-라고도」
- 겸함법: 「-으려니와」
- 습관법: 「-곤」
- 명령법: 「-으라고」, 「-으라는데」, 「-으라면서/-으라며」, 「-라면」, 「-으라지」
- 추정의문법: 「-기야」, 「-(었)을까」, 「-었던가」, 「-으리라고」, 「-을까말까」, 「-을지」, 「-으련마는」, 「-는지」, 「-려니」, 「-을러니」, 「-으려는지」, 「-는지도」, 「-을는지」, 「-는가」, 「-을라」, 「-을세라」
- 완료수식법: 「-게」, 「-게까지」, 「-게끔」, 「-게도」, 「-게만」, 「-구려」, 「-어/러」, 「-리/이」, 「-스레」, 「-아서」, 「-애」, 「-어다」
- 경고법: 「-다고는」
- 반복법: 「-락 -락」, 「-거니 -거니」, 「-다 -다」, 「-고 -고」,

「-으나 -으나」

- 첨가법: 「-을뿐만아니라」, 「-을뿐더러」, 「-라고도」, 「-는데다가」,

  「-는데다」, 「-는가」, 「-고도」, 「-고서도」

- 더해감법: 「-을수록」

- 미침법: 「-도록」

- 연발법: 「-자」, 「-자마자」

- 조건법: 「-거들랑」, 「-되」, 「-려거든」, 「-거든」, 「-을진대」,

  「-어서는」, 「-어야」, 「-어야지/아야지」,

  「-어야지만/아야지만」

2. [맞섬] 앞 말이 뒷 말에 대하여 독립성이 강한 것

- 선택법: 「-거나」, 「-든지 -는지」, 「-(았)든가」, 「-건지」,

  「-는다든가」, 「-는다든지」, 「-는다거나」, 「-어서건」,

  「-는다거나」, 「-으나」, 「-(느)냐」, 「-으나 -으나」

- 나열법: 「-고」, 「-요」, 「고는」, 「-다 -다」, 「-(느)니 -(느)니」,

  「-(았)다가 -(았)다가」, 「-고 -고」, 「-다느니 -다느니」,

  「-랴 -랴」, 「-어서나 -어서나」

3. 연결어를 만드는 어미

3.1. 연결어미에 뜻이 없는 것

① 완료, 상태

「-어/야」: -어＋있다, -어＋오다, -어＋가다, -어＋보다, -어＋가지다, -어＋계시다, -어＋나가다, -어＋버리다, -어＋내다, -어＋두다, -어＋놓다

② 섬김

-어＋주다, -어＋드리다, -어＋바치다, -어＋올리다, -어＋달다

③ 이루어짐

-어＋지다

④ 가능

-어＋지다

⑤ 해보기

-어＋보다

⑥ 힘줌

-어＋대다, -어＋쌓다, -어＋먹다, -어＋터지다, -어＋치우다, -어＋떨어지다, -어＋빠지다, -어＋제끼다, -어＋제치다/젖히다, -어＋버릇하다, -어＋말다, -어＋마지, -어＋들다, -어＋넘어가다, -어＋넘기다, -어＋

보이다

⑦ 지음

「-지」: -지 + 아니하다, -지 + 못하다, -지 + 말다

「-든/들」: -든/들 + 아니하다, -든/들 + 못하다, -든/들 + 말라

⑧ 때

-고 + 있다, -고 + 계시다, -고 + 나다

⑨ 바람

-고 + 싶다, -고 + 싶어하다, -고 + 프다, -고 + 자하다, -고 + 지다

3.2. 연결어미에 뜻이 있는 것

① 분명한 뜻을 가진 연결어미에 '하다' '들다'가 이어지는 것

-어야 + 하다, -으려(고) + 하다, -고자 + 하다, -고/곤 + 하다, -움직 + 하다, -고 + 들다, -으려 + 들다, -으러 + 들다, -으려(고) + 들다

② 힘줌을 나타내는 것

-고, -으나, -디, -기야

3.3. 되풀이되는 연결어미에 '하다'가 이어짐

-까 -까, -다 -다, -니 -니, -겠다 -겠다, -느니 -느니, -다가 -다가, -랴 -랴, -고 -고, -거나 -거나, -든지 -든지, -든 -든, -다든가 -다든

가, -나 -나, -락 -락, -거니 -거니, -든가 -든가, -을까 -을까

　끝으로 덧붙여야 할 말은, 통계에 의하면 어미에 조사가 붙는 경우가 많은데 이것을 조사로 다루어야 하나 그저 어미로 다루어 전체적으로 '어미+조사'를 어미로 다루어야 하느냐는 문제인데, 어떤 경우는 어미로 다룬 데도 있고 그렇지 않은 경우도 있다. 격조사는 어미로 보기 어려우나 보조조사는 어미로 볼 만한 경우가 있음도 종종 발견하게 된다. 이상으로 연결어미의 분류를 마치나, 애매하게 된 데도 없지 아니하다. 앞으로 더 연구하여 완벽한 연결어미의 분류가 되도록 하여야 할 것으로 생각한다.

참고문헌

김승곤(1978), 「연결형 어미 '고'에 대하여」, 건대 『학술지』 21집, 49~62쪽.

김승곤(1978), 「상태지속 연결어미 '아'에 대하여」, 『눈뫼 허웅 박사환갑 기념논문집』, 109~125쪽.

김승곤(1978), 「연결어미 '-니까', '-아서', '-므로'」, 건대 『인문과학』 11 집, 35-51쪽.

김승곤(1979), 「가정형에서 '면'과 '거든'에 대하여」, 건대 『인문과학』 12 집, 27~42쪽.

김승곤(1979), 「선택형어미 '거나'와 '든지'의 화용론」, 연대어학당 『말』 4집, 9~28쪽.

김승곤(1980), 「연결형 어미 '니까'와 '아서'의 화용론 재고」, 『난저 남공 우박사환갑기념 논총』, 155~170쪽.

김승곤(1981), 「한국어의 연결형어미 '건대'와 '거늘' '기에'라 '는지라'의 화용론」, 건대 『학술지』 25집, 21~34쪽.

김승곤(1981), 「한국어 연결형어미의 의미분석연구」, 한글학회 60돌 기 념특집(『한글』 제173, 174호 어우름), 35~64쪽.

김승곤(1984), 「한국어 이유씨끝의 의미 및 통어 기능연구」, 『한글』 186 호, 3~33쪽.

김승곤(1986), 「이음씨끝 '-게'와 '-도록'의 의미와 통어기능」, 『국어학신 연구』(약천 기민수 교수 환갑기념), 237~2474쪽.

김승곤(1989), 「국어의 이음씨끝 '-아서'의 의미 및 통어기능」, 『백석 조
　　　　문제박사 정년 기념논문집』, 3~14쪽.

김승곤(1995), 「'우리말본'의 씨끝바꿈에 대하여」, 『한희샘 주시경 연구』
　　　　7~8집, 209~232쪽.

김승곤(1999), 『현대국어통어론』, 박이정.

김승곤(2003), 『현대표준말본』, 한국문화사.

정인승(1957), 『표준 고등말본』, 신구문화사.

최현배(1983), 『우리말본』, 정음사.

허웅(1995), 『20세기 우리말의 형태론』, 샘문화사.

益岡降志 외 3인(2004), 『文法』, (日本)東京: 岩波書店.